驿 路 芳 菲

——我的语文教育教学 20 年

黄 敏 著

江苏凤凰美术出版社

全国百佳图书出版单位

图书在版编目（ＣＩＰ）数据

驿路芳菲：我的语文教育教学 20 年 / 黄敏著 . --
南京：江苏凤凰美术出版社，2019.6

ISBN 978-7-5580-6220-9

Ⅰ．①驿… Ⅱ．①黄… Ⅲ．①中学语文课－教学研究
Ⅳ．① G633.302

中国版本图书馆 CIP 数据核字 (2019) 第 114117 号

责任编辑 曹昌虹
封面设计 桃　夭
责任监印 蒋　璟

书　　名 驿路芳菲——我的语文教育教学 20 年
著　　者 黄　敏
出版发行 江苏凤凰美术出版社（南京市中央路 165 号　邮编：210009）
　　　　　　北京凤凰千高原文化传播有限公司
出版社网址 http://www.jsmscbs.com.cn
印　　刷 北京虎彩文化传播有限公司
开　　本 700mm×1000mm　1/16
印　　张 11.5
字　　数 330 千字
版　　次 2020 年 1 月第 1 版　2022 年 8 月第 2 次印刷
标准书号 ISBN 978-7-5580-6220-9
定　　价 45.00 元

营销部电话　010-64215835-801
江苏凤凰美术出版社图书凡印装错误可向承印厂调换　电话：010-64215835-801

做一个真正的语文教师

宣善功

从事语文教学近三十年，接触语文教师无数，空谈理论者有之，全凭三两点经验者有之，像黄敏这样，理论来源于对教学的反思与总结，教学在理论的指导下不断完善甚至日臻完美，则并非屡见。

初识黄敏，便觉她是个有特质的人。那时她还不是大方一中教师，也未承想她会成为我后来的同事。十多年前的某个夏日，她搭伙一中教师去云南旅行。在洱海，在破浪的船头，一个胖乎乎的短发女子，在高声吟咏毛泽东的《沁园春·雪》和苏轼的《念奴娇·赤壁怀古》，那么地投入，那么地陶醉，那么地旁若无人。第一印象，她是有激情的，有生活的，有诗意的。

随后，她由六龙中学考调大方一中，便多了一些接触。听过她的一些课，她上课声音特别洪亮，极富激情，特别能调动学生的情绪。她也会拿些问题来询问，但不会轻易接受你的观点。也会和同事探究些问题，但有时争执起来，杏眼圆睁，有些霸道。她会眉飞色舞地谈她学生的进步，也会对个别学生的行为表现得义愤填膺。有时为一堂公开课，可以找若干人征求意见。慢慢地，我发觉这个老师已初具语文名师的潜质：自主，较真，有激情，有大爱，有是非观念。

再后来，她成了县名师，市、省骨干教师，市管专家，省优秀教师。在学生中的口碑越来越好，在同行中的影响力越来越大。这一切绝非偶然。在草草阅读完她的集子中的文章和诗词后，更坚定了我的这个认识。一个成功教师背后有太多惊人的雷同——执着、勤勉、思考、爱和责任。

这个集子大部分是黄敏老师的教学感悟，可贵之处是作者尝试要解决一些语文教学中普遍存在的疑惑问题。但我认为，这本书的社会价值要远高于专业价值。因为这本书描画了一个青年教师的成长轨迹，这种成长是可以复制的，每一个愿意成长的年轻语文教师都可以从中受益。

我试着梳理一下黄敏老师成功的要素。是否妥当便也无暇顾及。

做一个有个性的教师。教师的个性最为学生津津乐道，会深深铭刻于学生的记忆深处。甚至一些言行上的瑕疵都会积淀为美好的回忆。寿镜吾老先生的摇头晃脑，藤野严九郎的近乎严苛，魏巍老师那根重重挥起又轻轻落下的教鞭，辜鸿铭先生的马褂和辫子。当然也包括黄敏老师的近乎夸张的诵读，学生错误面前的疾恶如仇。

做一个有思想的教师。有自己的教育教学理念，有正确的传道方法。有自己对世界的认识认知，绝不迷信盲从，有独立的人格和尊严，有指导学生洞见事物的能力。

做一个会研究的教师。研究问题从小处入手，不好大喜功。年轻教师把教学中发现的问题研究好就是成果。问题即课题，行动即研究。以小问题的研究培养做大研究大课题的素养。研究让人快乐，让人对教育这份职业永远充满新鲜感。黄敏老师就是在研究小问题的基础上成长起来的。

做一个有激情的教师。没有激情的课堂犹如一潭死水，无法激起学生求知的欲望，无法培养学生创造的能力，教师也会在一如既往的死气沉沉中形成职业倦怠。

做一个充满诗意的教师。以诗意的眼光看世界，世界就是美好的；以报告文学的眼光看世界，世界就是坑洼不平的。诗意的生活弥合了人与外界的冲突，就会淡化患得患失的焦虑。诗意的课堂魅力无穷。

做一个散发智慧的教师，在家庭成员与教师角色中转换自如。教师尤其女教师，在家庭和事业中处处狼狈，最后，做不好教师，也当不好妻子和母亲。其实家和学校，亲人与学生，是可以兼顾的。

说实话，黄敏老师请我写序，我实在有些忐忑。我并非一个在语文教学上研究出什么成果的人，至今，连县级名师都不是。在小范围内有点影响，不过是知道语文要教什么和怎么教而已；知道学生喜欢什么样的课堂；懂得语文教育是传播美的过程；知道语文是不能急功近利的，是不能速成的；也知道培养语文素养才是语文之责任。我教过的学生，一辈子热爱语文，一辈子受益于语文。但高考成绩只能算是比较好的，一定不会是最好的。因为语文素养不等于语文高考。

写以上这些文字，有两个意图。一是希望年轻教师通过这些告诫，能加快成长的速度；二是对黄敏这个年轻教师表达一个老教师的尊重。

是为序。

二零一八年五月于大方县第三中学

践行不忘初心

李廷明

"践行不忘初心"，是我县教育局陈碧老师为黄敏老师所写事迹通讯的标题语。用此话来形容与概括黄敏老师的工作与学习，是很恰当的。

所谓"初心"，就是最初的心愿，就是刚走向教师工作岗位时的想法、打算。我相信这么一点：每一位刚参加教师队伍的人，几乎都立志努力工作，认真备课、上课，好好教书，用心育人，希望能成为全县、全省乃至全国的佼佼者。可是，三年五载过后，心愿实现的有几人呢？可以说寥寥无几。主要原因是什么？我认为就是忽略了"践行"两个字，没有在"践行"上努力与下功夫。

黄敏老师初上讲台，是在大方县六龙中学，与我一道在语文教研组，我们是地道的同事。教研组内大多数是年轻教师，她更年轻，很有朝气，很有理想。想和做是一对矛盾。俗话说：想是问题，做是答案，输在犹豫，赢在行动。有名家说：我们所要做的事，应该一想到就做，因为人的想法是会变化的，有多少舌头，多少手，多少意外，就会有多少犹豫，多少迟延——强调的就是"践行"的重要性。拿认真备课、上课来说，想起来容易，做起来就考验人，因为是天日之功，做到每天上课之前都坚持写好教案，有准备地去上课，许多老师就没有做到。课前没有充分的准备，上课的效果一般不会太好。我当教研组长检查教案就知道，多数老师的教案，不是随便在教科书上简单勾勾画画，就是事后为应付检查抄写的《优秀教案选》。黄敏老师不是这样，每次上课之前，她都注意查找资料，翻看参考书，预先写下教案，做好教学设计，并时不时给我看看，让我提提意见。

在语文教研组年轻教师当中，她进步很快，脱颖而出，成为六龙中学语文骨干教师与佼佼者。她的《广告标语》教学实录、《春》教学设计、教案《审题·做题》等之所以获地、省级教学成果奖，是与她勤于"践行"分不开的。见她的课堂实录与教学设计获奖，取得评中、高级职称的资格，年轻老师们都很羡慕；有的老教师感叹年龄大了，自愧不如。其实，羡慕是"输在犹豫"没有坚持；年龄大了是"有多少舌头，多少手，多少意外"而延迟了行动带来的结果。

好好教书，用心育人比起认真备课、上课来说，"践行"的难度就向前跨了一大步。如果说认真备课、上课是重在知识的传授，那么好好教书，用心育人就重在"育人"，可需要开动脑筋、想想办法的事了。

记得原初中有一篇课文叫《想和做》，其中就说："有些人只顾做事，不动脑筋。他们一天忙到晚，做他们一向做惯的或者别人要他们做的事。他们做事的方法只是根据自己的习惯，或者别人的命令，或一般人的通例。自己一向这样做，别人要他们这样做，一般人都这样做，他们就'依葫芦画瓢'，照样做去。到底为什么要做这件事，为什么要这样做，有没有更好的办法，他们从来不想一想。"这其实就指出"践行"需要刻苦努力学习，时时注意总结经验教训，不断改进教学、教育方式方法。在教学方面，本书的第一章——中学语文教学心得与认识，收录了30篇教研文章，内容涉及教学观点、教学模式、教学方法、课改反思、素质培养、师生互动、学生主体、课堂导入、阅读教学、词语教学、自学辅导、积累学习、延伸学习、乐学课堂、创新能力的培养、让课堂凸显出亮色、教是为了将来不教等，凡语文教学探讨的问题，基本都关注到了，教书育人寓于其中，"践行"成果令人称道。由此可见，黄敏老师不仅在六龙中学时勤于思考，爱好写作，考调到大方一中后，初心不改，同样勤于思考，爱好写作。她能较早评聘为中学语文高级教师，与全面关注语文教学问题，勤奋写作是分不开的。

在教育方面，突出表现在当好班主任，做好班级管理工作。此方面书中收有近10篇文章，都是她做班主任工作经验的收获与总结。作为教书育人的经验，还有待于上升为理论，但是能形成文字，理出头绪来，就值得肯定、学习。因为比较而言，无论是在六龙中学还是在大方一中，有经验不善于总结，提起笔理不出一个头绪，评职称少不了的一篇文章都需要请人代笔的人，不是一个两个。黄敏老师靠自己的"践行"，靠教学、教育的丰硕成果，先后被评为县级优秀名师、县管专家，市、省级骨干教师，在毕节地区教师队伍中享有较高的知名度与影响力，是水到渠成之事；2017年，她又被评为"市管专家""省级优秀教师"，成为贵州省的佼佼者。达·芬奇曾说过："荣誉在于劳动的双手。"荣誉不是追求而来的，追求荣誉的人往往得不到荣誉，黄敏老师的成功充分证明了这一点。

黄敏老师的成功，不是轻易取得的，她的"践行"之路，曾走过冤枉的、崎岖的路，历经了一般人体会不到的辛苦。记得在六龙中学时，语文组曾要求每学期每位教师必须上一堂公开课，交一篇教学经验总结或优秀教案。公开课预先要有教案，教案通过了才上课，上课后自己先说课，然后大家评课。多数老师对此嘴上不说心里都有不同想法，上公开课并不主动，教学经验总结或优秀教案往往要拖到学期快结束时才交。黄敏老师对上公开课却很自觉、主动，每学期往往是她第一个上公开课。"公开课预先要有教案"，撰写好公开课教案对不少教师来说是劳神费力，并不轻松的事；"通过了才上课"是文字上这样写，实际上只要教案刻印出来发到听课者手里，就可以安排上课；说课的"度"主要是上课者自己掌握：有的三言两语就作了概括、有的只谈教学目标的确定或教学方式的选择、有的说这说那抓不住重点等；"评课"基本能做到畅所欲言，但是真正具有针对性、建设性的意见不多。

黄敏老师是一个要强的人，别人的公开课是以完成任务为主，她的公开课却直言"要上出特色"。为上出特色，受到评课教师的一致好评，她的每一回公开课，总要反复地修改教案、斟酌教案，有一回曾高达五次。教案的撰写、修改、誊正、刻印——那时六龙中学还没有电脑，会用电脑的教师是极个别的，教案的撰写、修改、誊正就全靠手工操作，"刻钢板"是教案印出来发到听课者手里的先决条件，其间的劳神费力与辛苦，是电脑普及的今天人们难以体会到的。有一回，她的公开课已经反复磨课了三次，因为她要参加县里优质课竞赛，我劝她先把教案再看看，改一改，然后再上一次，她说："此教案我实际已经改了不下五遍，昨晚誊正到两点多钟，其实又改了一遍——我认为已经可以了。"

"如果你希望此次竞赛获奖，并有进入地区比赛的可能，就听我的。"

她不服气："……那你说说需要再改的地方。"

我点着指头数道："第一……第二……第三……"我没有说完，她已经泪流满面，感觉自己相当委屈。因为，她觉得自己已修改了又修改，斟酌了又斟酌，花费了大量的时间和精力，却还没有得到我的认可。

第二天遇到她，我说："文章是改出来的。公开课不是平常的课，教案圆满，上出水平或特色才有基础。此次的教案不仅可以作为优秀教案交，还可以拿出去参与有关方面的竞赛评比……辛苦不会白费。"

她笑笑说："话是这样说……我真的感觉很累。不过，我还是又修改了一遍。"

受黄敏老师所托，写下这些，是为序。

2018 年 3 月 4 日

驿 路 芳 菲

——我的语文教育教学二十年

　　弹指挥间，时光飞逝，时至今日，我已在教育教学之路上走了整整二十年。人生没有几个二十年，这个二十年是我工作、学习的黄金期。每年除了教育、教学工作外，总喜欢把教育教学工作时的一些所得、所感、所获、所失写成文稿，或发表，或参赛，或存放，二十年下来，这些文稿也有六七十篇。用今天的眼光去看这些文稿时，感觉到自己读书不多，功底不足，探索太浅。有些文稿一直放置在抽屉里没有给任何人看过。值二十年教育、教学工作之际，心中一直想把这些零碎的文稿结集成册，但又囿于学识和水平所限，心里总是忐忑不安，担心这些幼稚和不成熟的文字会误导别人，甚至被人耻笑，一直敢想而不敢动手整理。

　　正好，今年，我敬佩的语文人李廷明老师又出了他的第三本书——《我看真语文》。当我收到他送我书的时候，我佩服不已，赞叹不已。他微微一笑说：其实，你也可以做到。我说二十年来我也写了二十多万字的文稿，只是觉得这些文稿不能登大雅之堂，结集成册怕被人笑话。他听后说，不要怕，只要能写出自己的所做、所思、感悟和创新，甚或是教案、当班主任心得、演讲稿、散文等都可以，谁愿意笑，是他的事，你不要管，只要是你自己所写的东西，是你成长的记录，把它结集成册留作工作、学习的纪念也是好的。

　　在李老师的鼓励之下，我把近二十年来所写的教学论文、当班主任的心得、

教案、演讲稿、散文等文稿一一翻出来进行了整理。这些文稿为保留当时的那份心态与激情以及水平，我对它们没有作什么改动，如今，我把它们整理出来，收在本文集里，实在是出于我对教育工作的一点忠诚，对语文教学的一份情结，也算是我成长的一份记录。

如果此书对大家有一点借鉴、启示或些许帮助，我将感到无比欣慰。

本书共分为六个章节：

第一章——中学语文教学心得与认识。重点谈自己是如何从事语文教学和在语文教学工作当中的一些感悟及经历。当一名教师，特别是当一名好教师，就要注重培养学生的核心素养，那么，到底什么是核心素养呢？它是以培养"全面发展的人"为核心，分为文化基础、自主发展、社会参与三个方面，综合表现为人文底蕴、科学精神、学会学习、健康生活、责任担当、实践创新六大素养。这些素养是学生应具备的，能够适应终身发展和社会发展需要的必备品格和关键能力。再说具体一点，就是关于学生知识、技能、情感、态度、价值观等多方面的综合表现；是每一名学生获得成功生活、适应个人终身发展和社会发展都需要的、不可或缺的共同素养。我在工作中，怎样培养学生的核心素养，怎样让学生成为全面发展的人，怎样让学生的发展适应社会的发展等，这些问题常常使我困惑与彷徨。于是我常常反思自己的教学行为，改变自己的教学方式，在教学中不断地探索，不断地努力提高自己的专业水平和教学技能，于是，阅读了大量的书刊，如《高中语文教学参考》《语文学习》《现代课程论》《语文啊你姓什么》《走进语文教学之门》《21世纪学生发展核心素养研究》等，以取别人之长，补己之短。并且，在阅读中、在教学中遇到让自己有所得、有所感、有所悟的东西，就把它写成文章，通过这样的写作来提高自己，改变自己，从而提高教学质量，培养学生的核心素养，尽量让学生成为全面发展的人。

第二章——作文教学重在"格"。写作是高中语文教学中非常重要的一个板块，高考中占的分值也最重，说明了写作的重要性，所以，我认为高考时得作文者得天下。每一年的高考题，无论如何变化，写作都是一道不变的试题。作文最能体现学生的语文素养与思维能力，因此培养学生的写作能力就显得尤为重要。经过一番探索与实践，我认为要提高学生的写作水平，一是注重作文"格"引导；二是注重积累素材；三是注重作文的具体辅导；四是注重督促练笔。

第三章——教学实录与设计。教学实录是在我上课时，感觉此课触动了我的心灵而学生反映好，就把它们记录下来了；教学设计大多数是我参加各级优质课竞赛时所写。我在教学设计上尽了心，皇天不负有心人，我的优质课曾获县级一等奖两次；市级一等奖两次、二等奖两次；省级三等奖一次；国家级二等奖一次。优质课的获奖也助推了我教育、教学工作的进步。所以，我认为要上好一堂课，必须认真研究教学设计，教学设计过关了，才可能上出好课来。

第四章——班主任工作之感。未当班主任时，我还暗自庆幸——少有苦少有累。其实，当上班主任之后，才感觉到真是庆幸：不仅多了展示自己的一方"阵地"，并亲身体验到班主任工作中的累伴随着的快乐；感受到随学生一道跑，一道玩的畅快；感受到学生远远招手、大声招呼"亲亲的老班好"带来的喜悦；比赛获得名次，班级获得奖励时与学生的高兴之情溢于言表；用制度指挥班级的行动，用真情激励每个学生的进步，给我带来了诸多幸福与满足。

第五章——演讲稿和散文自选。作为一名语文教师，我有一兴趣爱好就是演讲。当然，这些演讲稿都是我二十岁上下时所写，在我三十岁时，我就自动退出了演讲的舞台，从那时起我就没有再写过演讲稿。当时人年轻，水平有限，写出的演讲稿无疑稚嫩肤浅，让大家见笑了。本来不想把此部分内容编辑进来的，但是我想了想，不管好与坏，那毕竟是我年轻时的心态与激情，是我成长走过的足迹，把它收进此书，也算留个纪念。再者，敢于直面过去的生活也不见得是一件坏事，所以，我鼓足勇气，还是把这些不像样的演讲稿及散文编了进来。

第六章——附录。这一章只有两个内容，第一个内容大方县教育局陈碧老师在 2017 年 9 月 7 日发表在《西部开发报》上的一篇关于我的文章——《践行不忘初心的"教育梦"》。文中写了我的追求目标：做一名好教师、做一名专家型特级教师；写了我的座右铭：勤恳钻研、创新高效、幸福快乐；写了我的教育初心：学生喜欢、家长放心、学校满意、社会点赞。第二个内容就是几首拙诗，是在闲暇之余，应时应景写的几首打油诗而已，不足挂齿，羞对各位同仁。把其收入书中，纯属为自己留个纪念。

感谢大方三中语文高级教师、大方县名校长宣善功校长，感谢大方县六龙中学语文高级教师李廷明老师，他们垂阅我的拙著并为其写序。感谢我校特级教师、省级名师杨帆校长的指导与鼓励。

由于时间仓促和本人水平有限，谬误之处，诚望各位同仁、朋友及专家批评指正。

黄　敏

2018 年 3 月 10 日于奢香故里

目 录

一、中学语文教学心得与认识···1

　　更新教学观念　激活课堂教学···1

　　浅谈语文教学中的延伸学习···5

　　让语文课堂焕发出生命的活力···8

　　高中语文教学中学生自主学习能力培养的策略·······················12

　　浅谈教师课堂创新意识对学生创新能力的培养·······················16

　　教是为了将来的不教···18

　　浅析高中语文"积累学习"···22

　　高中语文课堂师生互动有效性分析··26

　　浅谈高中语文阅读教学···30

　　高中语文课堂导入略析···34

　　谈语文教师在教学中应扮演的角色··37

　　自学辅导教学模式在高中语文教学中的应用现状分析···············40

　　高中语文教育教学方法创新探究···43

　　怎样成为一名好教师···47

二、作文教学重在"格"··67

　　作文教学重在"格"··67

　　不忘初心，方得始终——致金沙县平坝镇"文军扶贫先锋"姬益强····70

　　蜡染绣出致富"幸福花"···72

　　扎根深山只为脱贫攻坚——记黔西县华山小学代课教师杨绍书······74

　　如何做好高中写作教学···77

　　《"出乎情、合乎理"的意外结尾》作文教学案例·······················81

三、教学实录与设计··86

　　《广告标语》教学实录···86

　　《春》教学设计··90

　　《荷塘月色》教学设计···94

1

《将进酒》教学设计及教学反思 100

《大自然的文字》教案设计 104

《永遇乐·京口北固亭怀古》教案设计 106

《念奴娇·赤壁怀古》教学设计与反思 111

《我有一个梦想》教学设计与反思 116

《诗词炼字鉴赏》教案设计 120

四、班主任工作之感 125

班级管理制度——对事不对人 125

行为习惯教育 134

网络环境下高中班级管理的创新策略探析 146

班主任管理工作中存在的问题探索 149

刍议高中班级管理 152

五、演讲稿和散文自选 155

莫道园丁业平凡　园丁为国添光彩 155

选择无悔 157

让青春在奋斗中灿烂辉煌 158

建设美丽家园　构建和谐大方 160

祝福我的祖国 162

风景这边独好 164

一封家书 166

一、中学语文教学心得与认识

更新教学观念　激活课堂教学

传统教学是教师把教材中的既定知识与技能单向传授给学生，学生单向接受讲解与训练，以此达到理解和运用。课堂上显得单调、沉闷。新课程要求我们认真领会课改精神，大力推进教学方式的转变，创建充满生机与活力的课堂教学，让课堂凸显出亮色。下面是我的几点做法：

一、创建融洽和谐的师生关系，营造良好的教学氛围

课堂上要凸显出亮色，首先要建立新型的师生关系。教师和学生之间相互沟通与交流，形成平等而不是对立、合作而不是孤立、对话而不是单向活动的双主体关系，教学中要经常提到"平等"二字，这样才可拉近教师与学生之间的距离。例如，我讲《苏州园林》一文时，有这么一个词——"丘壑"。常有学生把"壑"字中"谷"上面少写一横。我便说："谁写错这个字，说明你没有仔细观察它，那么我就扯下你的一根眼睫毛为它添上一横。当然，我们师生之间是平等的，如果谁发现我写错了，你们也可扯下我的一根眼睫毛给它添上一横。"这时，学生们都笑了起来，赶紧检查自己写错没有。一串串的笑声显得师生关系那么融洽、和谐。所以，教师不要因为学生写错几个字，做错几道题，违反课堂纪律就大声训斥、责骂，甚至大打出手。这样，学生容易对教师产生敌意，师生之间就缺乏积极的情感联系，这样教学活动就失去了宝贵的动力资源。再如，我上《核舟记》一课时，上课后我便亲切地说："今天我们的教室里没有老师，我和大家一样是学生，让我们一起来共同模仿苏东坡、黄鲁直、佛印三人以及楫舟子的动作、神态，看谁模仿得好，好吗？"让我们一起来"简短的几个字使学生感到了师生地位的平等，消除了害怕和紧张感。大部分学生推荐我模仿苏东坡的动作、神态。我先把课前准备好的用纸折成的高帽子和假胡须戴好，坐在用粉笔在地上画的一艘船的船头，我就请四位同学来模拟黄鲁直、佛印和

楫左右两个舟子的动作、神态。其中模拟黄鲁直和两个舟子的同学不够形象，下面的同学就跃跃欲试。另一批同学上来了，其中一位学生要求模仿苏东坡，我便把高帽子和假胡须给他戴上，我模仿黄鲁直，其他同学也模仿得不够形象，下面的同学再次指指点点。而刚和我表演的这批同学却很高兴。他们说："能和老师一起表演我们很高兴。"另一批同学又上来了，其中模仿楫右舟子的学生模仿得很形象，她梳着椎形发髻仰着面，左手靠在她想象中的横木上，右手摸着右脚趾，撮起嘴唇在呼啸。教室里顿时响起了热烈的掌声。通过这样的教学，学生不但对课文内容有一个深刻的记忆，还培养了学生的模仿能力、创造能力。更重要的是建立了师生之间融洽、和谐的关系，为该堂课以及今后的课堂教学营造了良好的教学氛围，增添了课堂的色彩。

二、培养好奇心，激发求知欲

要激活课堂教学，课堂上要凸显亮色，培养学生好奇心，激发求知欲望也不可少。由于中学生好奇心强，因此，教师可以设置能够引起观察、探求知识的道具，让学生在好奇中，产生求知欲。例如，在教授《死海不死》一课时，我拿着两个装着液体的杯子和两个鸡蛋走进教室对学生们说："两个鸡蛋都放在杯子里，一个浮在杯面上，一个却沉到杯底，这是为什么呢？"这一问，学生们都很好奇，伸着脖子，目不转睛地望着。"你们想知道原因吗？"学生都异口同声答道："想！"既然你们这么想知道，请打开课本《死海不死》一课，从中找出答案。"我板书下课题，并让学生注意海的"死"与"不死"是什么意思？刚布置下去，学生们便快速地在文中找答案。一会儿便有学生高高地举起手，答道："老师你杯中放有盐，鸡蛋就浮了起来。"又一个学生补充说："不但有盐，而且盐度很高，鸡蛋才能浮起来。"其他同学一致认可后者说得对。我便给学生做了一下实验，我把带去的三两盐放入鸡蛋沉在水底的杯中，待盐溶化后，鸡蛋浮起来了。学生们高兴地你看看我，我看看你。我便问："海的'死'与'不死'是什么意思？教室里一下举起了很多手，有人答道："'死'是指海水咸度很高，没有鱼虾、水草、寸草不生，以致干涸。'不死'是指盐度很高，海水的密度大于人体的密度，人在上面游泳不会被淹死，也可开发利用，出现生气。"这样的课堂生动而有趣，既厘清了文章的结构线索，而且重点内容也解决了，其内容和形式学生可能会终生不忘。

三、创设情境，激活学生思维

创造一个好的教学情境，学生会情不自禁地"走"进这个教学境界，学生身临其境地去体验，学生的想象力和创新思维容易被激活，那么课堂上遇到的问题就可以得到解决。例如，有一次，我让学生写作文，内容是以物喻人，表达自己的一种思想感情。我走进课堂讲完要求，就让学生写，结果学生们深锁眉头，无从下笔，课堂上死气沉沉。我知道了其中的原因，于是说："这节课我们不写了，让同学们欣赏窗外的柳树，好吗？""耶！太棒了！"课堂上一下活跃起来。学生们欣赏了几分钟觉得很奇怪，我便说："大家仔细观察柳的特点，想想，在现实生活中它们像什么？"学生在这样的情境中，思维好像一下子被激活了。经过一番观察，有学生发言了："轻风吹来，垂柳轻拂，看它一副媚态，对轻风点头哈腰，活像吹牛拍马之徒。""好汉不吃眼前亏，柳能顺应时代潮流，有极强的适应环境的能力，算得上是俊杰。""树高千丈不忘养育它的根，比喻报效祖国的游子。""它是一位婀娜多姿的少女，懂得怎样来装点周围的环境……"此时，学生思维的火花被点燃，思绪翩飞，仁者见仁，智者见智，真是横看成岭侧成峰。我赶紧让学生以《柳》或其他事物为题写一篇作文。学生不再深锁眉头，而是提起笔在纸上"沙沙"地写个不停，好像有写不完的话。那真是一道美丽的风景！

四、采用对话、讨论式教学法

显而易见，这是一种古老的教学法，但此处所指的却是融入了现代教育新理念而焕然一新的充满活力的教学模式。《语文课程标准》指出："阅读教学是学生、教师、文本之间的对话过程。"其中的"对话"已不仅囿于传统教学中的师生之间，而是产生于师生之间、生生之间、学生与"文本"教材之间的交流和学生的自我对话。要想使课堂具有鲜活的生命力，最重要的是要进行批判性的讨论、辩论。因为只有当参与者持有批判的心态时，他们才可能尽量听取别的想法和观点，并加以询问和探究。在讨论及争论过程中，当学生学会为自己的观点辩护时，就会增强自信心。当他们有机会讨论或把自己所学的知识教给别人时，就会更深入地理解课程内容。例如，我上《勇气》一课时，我组织学生讨论一个问题：题目的"勇气"指的是什么？一个学生回答："是美国伞兵'求生'的勇气。"一个学生反驳说："美国伞兵没有勇气可谈，表现在他身上的只有自私。因为他为了自己能活下来，使法国妇女的丈夫被杀害，这种情况下还来向法国妇女求救，简直不顾别人的伤痛，自私到了极点。"按常规教师该出来指正了，但我没有，我让学生对话、辩论。又一个学生支持前者说："伞兵确实是自私的，没勇气可谈。题中的'勇气'，指的是法国妇女救人的勇气。因为她牺牲了自己的丈夫，在这种情况下，她还毫不犹豫地第二次救伞兵，面对自己失去亲人，自己又有可能遭受灾难时，她却置之不理。这是一般人难以做到的，可见她的勇气。"又有一个同学说："这个同学的观点我同意，法国妇女看到战争给人们带来灾难，所以，她憎恨战争，向往和平。她宁愿舍'小家'为'大家'，苦一人，幸福千万人。"学生们鼓起了掌。可另一个同学却说："他们的发言都很精彩，但我需作补充。题中的'勇气'更多的是体现法国妇女的勇气，但我觉得伞兵能第二次返回法国妇女家中，请求帮助，靠的就是勇气和聪明，他临危不乱，体现出一种个人的智慧与勇气的力量。其次，伞兵活下来，很可能会使更多的法国人得到幸福，所以不能说他是自私。"教室里再次响起掌声。我看该收场了，于是，我非常激动地说："你真是一语道破天机。"

整节课给我的感觉是新鲜、活泼，课堂就像不断流淌的河水一样，随时让你看见上面漂着令人赏心悦目的花朵。

总而言之，要适应时代要求，必须更新教学观念，激活课堂教学，让学生真正成为教学活动的主人。由此，造就出有发现力、创造力的人才，直至桃李芬芳，春色满园。

（注：本文于 2004 年获贵州省论文评比一等奖）

浅谈语文教学中的延伸学习

语文学习无捷径可走，提高语文教学质量，还是要以提高课堂教学质量为中心，向45分钟要质量，要效益。可是仅凭课堂45分钟远远不能满足教学需要。所以，在教学中采用"延伸学习"策略扩大学生的语文学习范围，提高学生的语文素养，就十分必要。那么，如何进行语文教学中的延伸学习呢？具体来说，笔者认为有四个方面。

一、延伸积累

语文学科的一个重要特点就是它的工具性。语文知识是学习所有知识的基础，只有掌握了丰富的语文知识，才能更好地学习其他知识。语文知识需要长期积累。高中阶段所学课程多，学生作业多，时间紧，真正能用在语文教学上的时间就只有每天的一节语文课了。这就要求在课外利用一定的时间进行复习，去巩固课堂知识。在课外可以读一些与所学内容相关的书籍，背诵精彩文章，积累写作素材。这样，就会在不知不觉中积累许多知识，还会培养学习兴趣。比如，积累文学知识，积累成语，积累妙词佳句等。例如，学习了课文《记念刘和珍君》之后，教师可以要求学生搜集有关刘和珍的先进事迹、生活经历，制作成知识卡片。语文学习中的积累可以采用做读书笔记的方法，以摘抄积累的内容为主，一周整理一次，并在晚自习时与老师、同学分享。

二、延伸阅读

在教学中采用延伸阅读就是要扩大学生的阅读范围，增加阅读量，以此来提高学生的语文素养。开展读书活动，学生在课堂上学到的读书方法要在具体阅读中运用、掌握，达到熟练。语文教师要向学生推荐优秀读物，指导学生阅读。在延伸阅读时要做到教师推荐与学生搜集相结合；抄、读、背、析相结合；读书与交流相结合；组织学生写读书笔记。学生在阅读时会激发出自己心灵的火花，寻找出自己独特的体验，展现出自己的聪明才智。学生在阅读时产生的感受往往是发自内心的、是真诚的。要求学生写下来，不但提高了读书活动效率，而且丰富了学生的写作素材。通过延伸阅读开阔了学生的视野，提高了文化素养，也提高了语文水平。

三、延伸写作

在语文教学中，课堂作文是最基本的写作训练形式。课堂作文是根据教学进度有意识地安排的写作训练，要求运用所学内容和写作方法进行写作训练。这样由于受所学内容的影响和写作方法的限制很难写出成功作品，或者写出的作品使人感到没有新意，感情不真诚，没有平时写作那么成功。为此，这就要求我们在保证完成课堂作文的同时要有意识地进行延伸写作，把写作当作学生抒发感情，体验生活的最佳选择。

在延伸写作中可以尝试以下方法：体验校园生活，抒写校园文化；开展校园文学社活动；课外练笔。首先，校园文化的内容广泛，如板报、标语、花草树木、校园景区、学校建筑等，这些文化现象对学生起着潜移默化的作用。让学生学习校园文化，做生活的有心人，观察、捕捉校园文化的闪光点，写心得体会，写观察日记，写校园文学，发表议论等，从中受到教育，学到知识。

其次，要为学生提供练习写作的园地，开展校园文学社活动就应成为首选。学生在文学社活动中激发了学习语文的兴趣，受到了教育，提高了阅读能力和写作水平。特别是当学生有作品发表在文学社刊物上时，更是欣喜若狂，增强了学好语文的信心。教师要做好指导，让学生汲取营养，满足他们的愿望，使学校文学社蓬勃发展，推动语文教学。

最后，课外练笔作为作文教学的一个有机组成部分，正如母体上的一枝旁逸的虬枝，既古朴遒劲，又焕发新的勃勃生机。同时，由于练笔的自身特性，因而在教学上也就有别于课堂作文训练。笔者在教学中总坚持这样一个指导思想：激发写作热情，倾吐真情实感；捕捉采集感悟，厚积生活储备。基于此，在练笔教学中，常采取以下几项措施：

1. 养成习惯。即让学生持之以恒，不间断，课外练笔是作者自觉的写作行为，唯其自觉，这种写作才有存在的价值。魏书生先生要求学生坚持每日一记，这种做法的合理性即在于培养学生养成良好的写作习惯。

2. 引导鼓励。这是促使学生养成良好的写作习惯的必要保证，主要有以下几种方法：（1）课堂推荐。即利用课堂讲评的形式向全班同学推荐评析优秀习作，以达到鼓励的目的。（2）巡回展示。即集中优秀练笔，辑成一集，定期或不定期在班级中传阅，从而有效地调动了学生的写作积极性。（3）评语交流。有经验的老师总是十分看重这种交流，这不仅是对学生习作的评价，也是师生心与心的交流，尤其对学生的写作热情、兴趣等非智能因素的形式和导向起着十分重要的作用。（4）推向杂志。自己的习作能被报刊录用从而具有社会价值，这是每一个同学的心愿和最兴奋的事情。多年来，笔者总是鼓励学生向杂志投稿或亲自向杂志推荐。而后，师生共同品味那果实成熟后的欣喜，其乐融融。

3. 联姻作文。即利用学生练笔中的材料和话题，引发课堂讨论，并以之为材料，进行课堂作文训练，使课外练笔和课堂作文训练有效互补，从而极大地调动了学生写作的积极性，收到了一石双鸟之功效。

四、延伸运用

1. 学习语文是为了更好地学习其他知识，换句话说就是更好地生活，运用学到的语文知识去解决生活中的问题，即学以致用。例如，办宣传板报，走上街头宣传党的方针政策，实地采访报道，帮不识字的人读信、写信、讲科学知识等。通过这些实际运用，让学生显示了自己的本领，学到了新的知识，积累了生活素材，开阔了视野，感悟了人生，从而提高了语文教学质量。

2. 在活动中运用，在活动中激趣。例如，猜谜会、纠正错别字比赛、朗诵会、演讲会、书法比赛等，都能使学生对语文学习产生更浓厚的兴趣，学习语文也有了更大的动力，语文学习成绩的提高也就指日可待了。

让语文课堂焕发出生命的活力

一位教育家曾说过："语文课堂是一扇窗，推开窗，学生发现的是一个奇妙的世界，语言是一个家，在这个家中最重要的是人。"著名的教育学家叶澜教授也认为："课堂蕴含着巨大的生命力，只有师生的生命力在课堂教学中得到有效发挥，才能真正有助于师生的成长，课堂上才有真正的活力。"因此，我们应从生命的层面进行语文课堂教学，让语文课堂充满生命的活力，让语文课堂成为学生的乐园。

一、和谐构建，激活语文课堂气氛

语文教学的生命在于课堂，课堂教学的生命在于激趣、创新。中学生敢想敢说、好动，求新求异的愿望强烈，因此，教师必须因势利导。上课时，教师尽可能多地使用风趣幽默、充满诱因或悬念的语言，配以丰富的表情和手势组织课堂教学，创设各种各样的情景，培养学生的兴趣，让学生大胆地用语文发言，并积极思维。

1. 培养兴趣

在教学过程中，教师应达到"课开始，兴趣生；课进行，兴趣浓；课结束，兴趣存"的效果。

托尔斯泰曾说过："成功的教学所需的不是强制，而是激发学生的兴趣。"每个班级总有一部分学习语文有障碍的同学，引导那些根本不学语文又喜欢玩游戏的学生来学语文不是一件容易的事，只能智取，不能蛮干。

2. 运用竞争

竞争永远是一剂课堂兴奋剂。形式多样的竞争比赛是激活课堂行之有效的方法。竞争的好胜心理驱使学生乐于参与比赛活动，在培养学生灵活运用所学知识方面有很大的作用。在紧张、热烈的竞争气氛中，无论是小组比赛还是个人比赛，学生都怀着满腔热情参加，课堂气氛可谓空前高涨。在高中语文课堂教学中，最热闹的一环就是竞争比赛。在竞赛过程中，学生们既能赛出基础，又能赛出能力，且越赛越有兴致。运用竞争，挖掘学生学习的"潜能"，最大限度地调动了学生的积极性、主动性以及思维的灵敏性。

3. 创设情境

教师要根据不同的课型，引导学生创设不同的情境，让学生在情境中学会交际、学会合作、学会迎接挑战、学会不断完善和超越自己。创设真实的交流情境，使学生迅速进入学习语文的最佳状态，是激发学生学习兴趣、激活语文课堂气氛的有效措施。综合语文的实践性、学生的生理和心理特点，根据不同的课型，为学生创设了许多闪耀着生命光彩、兴趣盎然的语文情境。语文课堂已俨然成为师生交流的课堂、对话的课堂、碰撞的课堂，语文课堂焕发出生命的活力。

二、优化课堂，搭建学生活动的舞台

课堂教学是创造性的活动，课堂教学要鼓励师生互动中的即兴创造，感受学生思维的灵性。课堂教学过程是教师引导、学生主动参与的过程。教师是这个过程的设计师和建筑师，教师要搭建一个能使学生多方面成长需要的舞台，让每个学生在这个舞台上发挥自己的潜能，展示自己的生命活力。

1. 语文课堂用语的艺术化应用

教师是教学艺术的探索者。教师使用课堂用语的目的是和学生在课堂教学中能进行有效沟通，因此，课堂用语应简练通俗，符合学生的语文能力水平。

语言是一种艺术。精彩的课堂用语能给整堂课的教学锦上添花，取得意想不到的效果，因此课堂用语要生动丰富，尽量做到形式多样。同一个意思有多种表达法，教师不能总是使用同一种表达法，而应在课堂上不断变换句式，让学生逐步适应、逐步接受，既培养了学生的听力，又丰富了学生的语言。

2. 课堂教学环节的有效性设计

教师是教学环节的研究者。课堂教学应是教师"带着学生走向知识"，而不是"带着知识走向学生"。课堂教学有轻重缓急、波澜起伏，让学生的情感意识随课堂气氛的升降而起落，以求得"大容量、快节奏、高效率"。

课堂教学的效率最优化，能最大限度地减轻学生课后的负担，而课堂教学的成功与否取决于教与学的整体设计。因此，关于课堂设计，采用"四阶段"授课法。第一阶段：确定目标；第二阶段：实施目标；第三阶段：目标串联；第四阶段：目标检测。讲课时，通过多样化的方法，启发诱导学生进行对照和分析，从中找出思路和规律，使学生理解内容，并通过讨论，让学生自己完成题目设计，做到低起点、密台阶、小坡度。如果说一堂精彩的语文课是一首动听的交响乐，那么有效的课堂设计就是这首乐曲中最动人的旋律。

3. 让生活常驻课堂

丰富多彩的现实生活是学生学习的兴趣之源。人生活在现实生活中，如果脱离了生活，就学不会语言；语文来源于生活，离不开生活。教师要把课堂变成一个浓缩的微型社会，把花草树木、高楼大厦都"请"进课堂，让课堂"活"起来，让学生在生活情景中学会体味人生。

三、主动参与，点燃学生求知的欲望

《语文课程标准》提倡的以人为本，以学生的发展为本的目标就是要把活力注入课堂。课堂的活力是由学生自身参与才能产生的，要使课堂充满活力，必须真正突出学生主体。课堂教学中，教师要把学生作为学习的主人，充分发挥启发、点拨、设疑、解惑的主导作用，激发学生学习的积极性，充分发挥学生在学习中的主体作用。

1. 教师是学生成长的引领者，在教师发挥指导作用的过程中，要充分发挥学生的主体作用，即教师是"导演"，学生是"演员"，在教师的"导演"下，让学生去参与整个教学活动。教师应针对不同水平的学生，设计不同层次的问题和练习，尽可能使每个学生都有表现自我的机会和享受成功的喜悦，充分调动他们积极思维的欲望和参与课堂活动的积极性。在这种教学活动中，师生彼此分享激情的燃烧、真情的涌动和心灵的碰撞，让学生的想象得以放飞，潜能得以发掘。

2. 教师是学生潜能的唤醒者，教师要善于引导学生思考、讨论、回答问题，让学生参与进来。师生彼此分享思考的快乐、顿悟的惊喜和灵性的焕发，让学生的能力得以提高，体验得以深化！

四、营造氛围，焕发课堂情感的活力

情感是打动人心灵的秘诀，是人们行为的内在动因，在语文教学中具有推动、调节、强化等功能。情感是教育的基础，只有人有情才能入理，入理才能入心。课堂的真正活力来自于教师与学生之间心心相印，达到一种默契，这种默契能协调教学中各要素之间的关系，使其形成一种合力。

1. 以心灵赢得心灵，用人格塑造人格

卢梭曾说过："只有成为学生的知心朋友，才能做一名真正的教师。"教师是教学的主导，犹如乐队中的指挥。每一堂课教师都要展示出具有自己特色的教法、渊博的知识和优美的板书，要将自身的外在美和内在美一一呈现在学生面前，教师要用特有的风格和方式去开启、唤醒和提升学生的心智，教师的一言一行、一点一滴要能唤起学生对未来生活的热烈憧憬和乐观明朗的期待。教师温和的声音、微笑的面孔、理解的表情不仅会给课堂带来愉快的气氛，而且对学生的学习效果也产生直接影响。

2. 要让学生对教师充满信任，对自己充满自信

心理学家认为：教师的期望与鼓励对学生的心理发展是一种巨大的教育力量，会唤起学生内心潜在的自我价值意识和对高尚目标的追求。美国著名的心理学家杰丝·雷耳说："称赞对温暖人类的灵魂而言，就像阳光一样。"教师

应看到每一个学生都有其闪光的一面，教师要懂得欣赏每个学生，对每个学生都暗含期待。在语文课上，教师应全力肯定学生的一切努力，保护学生的一切尝试，对学生的表现给予发自内心的赞赏，肯定他们的点滴进步，学生从教师的言谈举止中感受到了教师对他们的爱意和鼓励，体会到了自己的生命价值，就会逐渐消除用语文交际的胆怯心理，树立参与课堂活动的信心。

一堂课犹如一出戏。有教师的全情投入、全体学生的积极参与，语文课堂必能焕发出一片生机。让语文课堂焕发出生命的活力，不仅要探索更佳的教学方法，使语文课堂成为学生施展兴趣的天地，成为学生发展创造思维的载体，成为学生表现自我的舞台，更要调整好自己的思维坐标，做到在课堂教学中让我们的教科书"活"起来，让我们的学生"活"起来，让我们的教学方法"活"起来。

教育的本质是关注生命。关注生命就是敬畏生命，善待生命。学者肖川在《教育的理想与信念》中说："我们的教育——真正人文的教育，不仅要对学生的升学考试负责，更要对学生一生的生命质量负责。"每个生命，对于生命的个体来说，都是唯一的。生命是神圣的，又是平等的，值得我们去珍视、善待。我们教师从事的是基础教育的语文教学，我们要帮助学生发展自己；我们要使分散的知识系统化，使书本的知识交际化，使课堂的活动生活化；我们要让学生为自己的生命喝彩；我们要把课堂与生活衔接，把世界引入课堂，让语文课堂成为放飞学生生命的绿洲。

高中语文教学中学生自主学习能力培养的策略

摘要：在国家教育、课程改革的浪潮下，我们越来越需要培养全面优秀的高素质人才。这也正是课改的主要目的所在，使教育由传统的应试教育向素质教育转变。在高中语文教学中培养学生的自主学习能力，不但能够有效地提升学生在校学习期间的语文素养，而且能为学生毕业后的工作实践奠定坚实的基础，促使学生养成长期受用的良好学习习惯。如何在高中培养学生的语文自主学习能力，需要教师以实践为落脚点，在语文教学中通过合理的教学方式对学生进行培养。

关键词：自主意识 尊重差异 注重阅读 留足时间

语文教师一定要转变教学理念、改变教学方式，在课堂中积极尝试培养学生自主学习的能力，使之能够自己确定学习目标，在解决问题中获得知识，对教学过程充满兴趣，最终取得理想的教学效果。新课标实行以后，许多语文教师在这一转变方面做了大量的探索研究和尝试，对语文学科的发展做出了积极有效的促进和提高。笔者在多年从事高中语文教学的过程中，也深刻体会到培养学生语文学习自主性的重要性，并积极实践改进。在此，就高中语文自主型课堂的构建谈一点自己的看法。

一、指导学生做好预习，培养学生的自主学习意识

教师应注重弥补传统教学方法的缺陷，创新课堂教学模式，营造活跃、灵动的学习气氛，以此激发学生的自主学习动力，改变学生的被动地位，引导学生主动学习语文知识，深刻感知中国语言文字的文化内涵，并借助多媒体工具赋予语文课堂良好的语情和优美的情境。教师应引导学生逐步形成端正的学习态度，培养学生的自主学习意识，结合单元教学和课文内容，指导学生做好课前预习，主动获取新知识，鼓励学生乐于和教师进行互动与交流，充分利用课余时间复习重点知识。例如，在准备解析必修一第一单元时，教师可以先指导学生预习中国近代诗歌的相关知识，在讲解课文之前，依次指导学生查阅毛泽东主席、戴望舒、徐志摩、艾青等诗人的生平经历以及《沁园春·长沙》《雨巷》《再别康桥》《大堰河，我的保姆》等诗歌的创作背景，通过朗读来体会作品的主题思想。在课堂上，教师应优化提问技巧，让学生在思考与回答问题的过

程中进一步升华自主学习意识。例如，在解读《雨巷》时让学生思索诗中的"姑娘"是指爱人还是理想，并就此展开讨论，从而有效提高学生的思考能力与探索能力。在每一节课即将结束时，教师应布置有价值的作业，辅助学生巩固语文知识，保持浓烈的自主学习意识。语文课堂是将老师的教学和学生的教学融为一体的场所，而课堂氛围则可以直接影响学生的学习积极性。因此，高中语文老师在教学过程中，要尽量为学生们营造一个自由、和谐的学习氛围。除此之外，高中语文老师在备课时要把目标放在促进学生们的身心健康发展上，引导学生们学会自主学习，对于高中语文课本的大纲和基础知识有一个大体的了解，逐步取消"照本宣科"的教学方式。而且高中语文老师要尽量在课堂上和学生建立平等的交流机制，将学生当作朋友。并且老师还要在学生们进行自主学习的过程中适当地对学生进行夸奖和肯定，帮助学生树立起自主学习的信心。

二、尊重学生差异化，提高学生的主动性

每个人的口味都不一样，有些人喜欢吃辣的，也有人爱吃甜的，还有一些可能喜欢吃酸的。读书也一样，有的学生喜欢早上起来晨读，有的学生喜欢夜深人静的时候读书；有的学生喜欢散文，有的学生喜欢古诗，因此，教师应该尊重每个学生的差异化，注重学生的学习方式和思考能力，最大化地提高学生的自主学习能力。例如，有的学生爱好散文，教师在讲授白居易《长恨歌》一课时，可以鼓励学生，根据《长恨歌》延伸写一篇散文，在课上和同学们一起赏析分享。又如，学生对中国古文化比较了解，教师在讲授邓云乡《老北京四合院》（课外阅读）中，可以适当给予学生机会，把自己知道的文化知识分享给其他同学，同时结合书中没有提起的文化，就老北京四合院的历史和背景现状进行一一剖析，使学生对于《老北京四合院》这篇文章有更加深刻的理解。还有老舍的《北京的春节》（课外阅读），每个学生都可以畅所欲言，描述自己印象中的春节，最基本的年俗：贴春联、吃饺子、放鞭炮等年俗，结合老舍描述的北京春节，通过对比相同和不同之处，使文章更加形象鲜活。

三、以课堂提问为突破口，营造学生自主学习的氛围

在实践教学过程中，教师肯定会发现这种情况，学生在面对符合自身发展水平，或者是身心特点的学习活动中，一般都会保持较高的学习兴趣，学习效率和接受能力也更高。只有学生对学习内容产生兴趣，思维始终处于主动学习的状态下，才能够形成良好的自主学习能力，提升学习质量，对文章有更加准确、深刻的判断和理解。而在课堂教学中，提问环节属于非常重要的组成部分，合理地设计问题，有利于吸引学生注意力，培养学生主动探究意识，同时也能

够活跃课堂气氛，提升语文教学的趣味性。仅仅依靠一两个问题，还远远不够，需要教师能够把握整节课程和整篇文章，有次序、有步骤地设计问题，采取层层递进、循序渐进的方式，使学生产生自主探究的欲望，从而更好地培养学生自主学习能力和创造能力。比如，在《离骚》节选文章时，在讲解到屈原准备投江时，教师可以设计"屈原原本可以活下去，但是他为什么选择投江呢？"的问题，此问题比较具有发散性和探究性，针对此问题，教师给予学生足够的时间交流讨论，然后表达自己的想法。有学生认为，屈原是一个文人，太过于追求自己的理想，由于理想与现实之间的巨大差异性，心里所受到的落差，让他难以接受而选择投江自尽；也有的学生认为，屈原是一个有民族气节的文人，他想用死亡的方式，表明自己对国家的忠心。在讨论问题的过程中，学生对屈原这名伟大的爱国诗人，必将会有重新的认识。由此可见，在高中语文教学中，教师必须善于提出问题，引导学生讨论问题，由此才能够很好地培养学生自主学习能力，推动语文课堂教学的发展。

四、培养学生养成良好的阅读爱好和习惯

作为新课改背景下的语文教师应有效调控学生的阅读行为，关注学生的课外阅读。尽管学生都具备一定的阅读素质，但不从事持续的阅读实践，那么其相应的能力和习惯是不会得到发展的。因此，关键要让学生以学习主人的姿态在阅读的实践中历练。正如叶老所说"阅读要多靠自己的力，自己能办到几分务必办到几分……像这样专靠自己的力才能养成好习惯，培养真能力"。而课外阅读是偏向于学生自身的能动行为，因而语文教学必须涵盖学生的课外阅读，即归纳课外阅读于课堂内，补充课内阅读于课外。具体做法可适当布置阅读作业，开列书单，作摘录，写读书笔记，学写小论文，定期交流或展出，总结评价。比如，我讲授《近体诗六首》时，我并没有将《近体诗六首》全部讲完，而是留了两首作为课后作业，让学生自主阅读鉴赏。而且作业的批改是通过语文活动课来完成的，让学生互相批改，互相点评、交流。

五、高中语文老师要留给学生们足够的自主学习时间

在高中新课标中指出：高中生要在语文学习中采取自主学习的方法，而具体措施是让学生们尽可能多地接触语文材料，而老师要在大量的语文实践中，帮助学生们明白自主学习的重要性，提高语文学习的自觉性，逐渐养成良好的学习习惯，从而掌握学习高中语文的规律和有效方法。而且大部分的高中语文老师都存在这样一个误区：老师在课堂上讲得越多，学生们掌握的知识就越多。其实这种想法是错误的，在高中语文课堂上并不是老师讲得越多，学生们的知

识储备就越多。而是老师要根据班级内部学生的具体特点和学生们学习语文的特点，明白不同学生对于语文学习的需求差异，激发起学生们对于语文学习的兴趣和求知欲。而高中语文老师要想培养高中生的自主学习能力，首先要给予他们充足的自主学习时间。例如，老师在讲《离骚》这部分知识时，由于屈原写下这部作品的时间，距离学生们学习的时间较久，学生们比较难理解文章里面一些词语的含义。因此，高中语文老师要在课前给学生们留下足够的自学时间，让学生们通过课文的注解来翻译《离骚》中较难的词语，并且争取能够自己翻译出《离骚》这篇文章。这样老师在讲解的时候就可以较容易地和学生们进行交流。

在高中语文的课堂教学中，教师采取自主学习的教学方式能够有效地促进教师的课堂教学效率以及学生学习效率的提高。在新课改的教学背景下，教师采取积极的教学措施能够培养学生良好的学习习惯，从而促进学生学习效率的提高以及教学效果的提高。

参考文献：

[1] 陈玉. 自主合作探究模式在高中语文教学中的应用 [J]. 教育教学论坛，2013（22）.

[2] 陈娟. 浅析自主合作探究模式在高中语文教学中的实践 [J]. 求知导刊，2015（24）.

[3] 封瑾. 高中语文课堂教学方式的变革：谈谈新课程背景下的"自主探究合作"学习 [J]. 科学大众（科学教育），2014（12）.

浅谈教师课堂创新意识对学生创新能力的培养

培养学生的创新能力的主战场是课堂,把握课堂的关键人物则是老师,因此,老师在课堂教学上应有所突破,有所创新,在老师的这种创新意识下,学生才能迸射出思维的火花。对课堂的创新,我曾作过一些有益的尝试与探索,以下几点是我的亲身体会。

一、课堂教学结构的创新

中学阶段教学语文,以往的观念就是整体感知课文,逐段分析,划分段落层次,归纳中心思想,每一堂语文课都是这样安排,势必造成枯燥、乏味的局面。因此,我们应在教学结构上翻出新意,让学生觉得尽管每一堂语文课都是同一个老师所教,但又认为是不同的老师在上课。例如,对于《白杨礼赞》这篇课文,我所采用的教学结构则是从主干到枝叶。让学生整体感知课文后,直接进入课文的主干部分,课文的主干即是白杨的特点,让学生讨论找出白杨的特点:直、坚强、不软弱、不动摇。从这里就可以点拨学生,坚强、不软弱、不动摇这些词语是用来描写人的,现在用在白杨身上,赋予了白杨人的品质,使得白杨在我们心中的形象栩栩如生,像人一样站在我们的眼前。物和人联系在一起了,肯定两者之间有一个共同的特点,让学生讨论后,找出共同点,即扎根于新疆,无私奉献。由此引出文章的写作手法就是以物喻人,在这儿还应进一步训练以物喻人的写作手法,让学生今后运用于写作中。以《笋》《柳》为题,让学生讨论各比喻什么?讨论三分钟后,学生们则各抒己见,仁者见仁,智者见智,真是横看成岭侧成峰。有人说,笋能破土而出,它比喻旺盛的生命力;有人说,它嘴尖皮厚腹中空,比喻无用之人。论柳时更是生动,有人说,轻风吹来,垂柳轻拂,看它一副媚态,对轻风点头哈腰,活像吹牛拍马之徒;有人说,好汉不吃眼前亏,柳能顺应时代潮流,有极强的适应环境能力,算得上是"俊杰";有人则说,树高千丈不忘养育它的根,比喻报效祖国的游子。此时学生思绪翻飞,既激活了学生大脑中枢神经的兴奋点,创新能力得到培养,又完成了这一课的重、难点。最后就是对枝叶部分即文章的开头部分,也就是白杨生长环境进行疏理,只需让学生知道这些只是对白杨的衬托即可。这样,整节课给我的感觉就是新鲜、活泼,像不断流淌的河水一样,不时会让你看见上面漂着令人赏心悦目的花朵。

二、课堂教学中词语训练的创新

"讲"与"练"是教学过程中相互矛盾的一个统一体。但是，在这一对矛盾中，矛盾的主要方面是学生的"练"，所以说"练"的关键是内因。一定得练得适度，练在关键处。词语的训练、积累是中学阶段教学的一个目标，对于词语的训练，我们也不能用以往的那种方式，画出新词语后，让学生回去每个词语写五遍或十遍，这一方法长此以往，禁锢了学生的思维，缺乏思考，学生把它当任务完成。因此，对词语的掌握不够好，常常出现不会写或写错的现象，同时也增加学生的学习负担。对词语的训练我是这样做的：

在讲课的过程中遇到新词语，让学生把它画下后，结合语境给学生作解释，还配以相应的动作辅助理解，如教"龇牙咧嘴"一词时，我就露着牙咧着嘴，作出一副很凶的样子，让学生看看我的这个样子就是龇牙咧嘴，逗得全班同学哈哈笑，学生在乐中接受了知识，并且记忆深刻。

对当堂所遇的新词，除采用上例的方法外，还要进行及时有效的训练。遇到一个新的词语，我给学生分析字形特征后，立即让学生当堂把这个词写一遍，默写一遍，我则在过道中来回观察学生所写的字，给予及时的鼓励、提醒和指导。再把这个词进行造句。学完一个单元后，让学生把所学的好词语积累在读书笔记上，然后尽量用所学的这些词语写一段话或一篇小作文。这样，学生的思维活跃了，也培养了他们的创新能力，学生也就不觉得学习呆板、枯燥、被动了。

三、课堂教学中授课方式的创新

一贯采用讲练结合的授课方式，不能培养学生的创新能力。我们必须让学生在学的过程中成为主人，让学生扮演角色进行授课。例如，教《核舟记》一课时，让学生利用工具书解决生字难词，朗读课文，疏通课文后，用8分钟的时间背诵有关东坡、佛印、鲁直的句子并模仿其动作。刚布置下去，课堂气氛便活跃了，整理后，许多同学都毛遂自荐，上台表演，其效果大大超出了我的想象。当扮演佛印的郭焕宇同学"袒胸露乳，矫首昂视，卧右膝，诎右臂支'船'，竖左膝，左臂挂'念珠'，靠在右膝上"时，台下响起了阵阵掌声，表演的同学都模仿得惟妙惟肖，表演都很到位。随后，让学生动笔默写出东坡、佛印、鲁直的有关句子。下课后学生们还喜笑颜开地模仿着《核舟记》中的人物动作离开了教室。

总而言之，学生创新能力的培养取决于老师的创新意识。若失去了教师在教学中创新的审美体验，那么，学生的创新能力就只能成为无源之水，无本之木了。

（注：本文于 2002 年获毕节地区论文评比二等奖）

教是为了将来的不教

摘要： 新课程理念要求教师改变传统教学观念，树立新理念，注重课堂创新，加强语文学习法的学习，指导学生自学，达到语文教学教是为了将来不教的最终目的。

关键词： 教学理念　学习方法　自学能力　总结交流

新课程理念要求教师改变传统教学观念，树立新理念，注重课堂创新，加强语文学习法的学习，指导学生自学，达到语文教学教是为了将来不教的最终目的，要达到这一点，教师应注意些什么？下面笔者就此问题浅谈几点看法。

一、语文教师本人要坚定地树立教是为了将来不教的教学思想

教师要相信学生是可以通过教，学会自己学的。教师要在整个语文教学过程中不断排除学生自己不会学的心理障碍，不断排除像带孩子走路时一味只是扶，怕一放就跌，怕跌伤孩子的心理障碍。教师在教学时，要大胆让学生确立一些特别重要的问题，富有想象力的问题，让学生去思考，去解读课文，这样可让学生积极主动去学。例如教《祝福》时，有学生设了这样一道题：祥林嫂是自杀还是他杀？教授郁达夫写的《故都的秋》第四段"北国的槐树，也是一种能使人联想起秋来的点缀。像花而又不是花的那一种落蕊，早晨起来，会铺得满地。脚踏上去，声音也没有，气味也没有，只能感到一点点极微细极柔软的触觉……"学生设立的问题是为什么会有"脚踏上去"的动作？作者为什么不说"没声音，没气味"，却说"声音也没有，气味也没有"，加了一个"也"字，似乎在与另一种情景相比较，而这种情景则是大家所熟悉的，那是一种什么情景？问题提出后，其他学生快速寻求答案，自由探讨，展示自我。教师要允许每一个学生个性化的回答，不要因怕学生犯错，而以标准化的答案去禁锢学生思想；不要以烦琐分析，肢解课文为主。如果教师"一言堂"，学生会在教师课前预设好的圈套里苦苦挣扎。要不怕孩子跌，不怕学生犯错，需知孩子跌了之后会吃一堑长一智，最终自会走路，学生犯了错之后会总结经验教训，最终会学得更好。当然，扶有扶的教法，跌有跌的教法。学生由于教师的放而犯了错，教师要帮助学生总结经验教训，学会自学。事前在教学时也要交代清楚，即所谓教学要有预见性，以防放时犯太多的错，但学生在学习的过程中犯错是

在所难免的，在校时多犯小错，总结了经验教训，离开教师后能自学，就能避免犯不会自学不能长进的大错。例如，教《项脊轩志》后记部分："余既为此志，后五年，吾妻来归，时至轩中，从余问古事，或凭几学书。吾妻宁，述诸小妹语曰："闻姊家有阁子，且何谓阁子也？"有学生就提出：作者为什么要写小妹们的话？有的学生说，是作者想念"小妹们"；有的说是扣题；有的说是写出了夫妻情深；有的说写出"小妹们"的好奇心理。学生们回答有偏颇，有是而又不完全是的。教师是该"扶"的时候了："时至轩中，从余问古事，或凭几学书"，妻子从作者口中听到了不少精彩的历史典故，从南阁子的书籍中看到了大千世界，她的视野为之开阔，她的精神生活变得丰富充实，所以回到娘家，她充满自豪而又饶有兴味向小妹们讲述阁子中的生活，引得小妹们油然而生羡慕之情，神往阁中的读书生活，这样便有了小妹们的问语："且何谓阁子也？"不仅如此，作者的功名情结深深地影响着妻子，妻子亲手栽种的枇杷树，便是为作者植下的祈盼与祝福。因此对妻子之死，作者悲痛至极。回答这样的题要在熟悉课文内容的同时应了解文章的写作背景，紧扣文章主旨而答。

二、帮助学生树立重视掌握语文学法的观念和重视培养语文自学能力的观念

学生普遍存在着到学校来是接受教育的单纯的被动的传统的受教育的思想，普遍只重视知识的接受，能力的受训，不重视自己的学习，更缺乏要学会自己学的观念。所以，教师在一接手上语文课时就要向学生灌输有方法的学习是最重要的学习，学会自己学是最根本的学习观念。可通过讲道理，给学生说明我们的时代是迅猛发展的时代，信息激增的时代，要学会生存就要学会自学，在学校的时间有限，社会需要的知识无穷，学会自学至关重要等。还可通过古今中外名人学会自学的事例启发学生学习。例如，欧阳修1007年出生于江西省吉安县。他6岁时父亲就去世了。母亲为了欧阳修长大能重振家业，对他教育很严格。母亲为节俭开支，用芦苇、木炭做笔，在沙地上写字，教欧阳修认字。两年后，他6岁就已经认识几千字。后来他母亲没什么可教他的了，他只能自学。他借人家的书，在规定的日期内把书抄完，还给人家。书抄完后再背诵。他10岁时就能写诗了。后来有很多人都来让他教自己的孩子。他长大后对中国文学做出了出色的贡献。

梁漱溟曾评价说："像我这样，以一个中学生而后来任大学讲席者，固然多半出于自学。""所有今日的我，皆由自学得来。"从19世纪末到今天，天资聪颖，入北大清华等名校深造，受名师指点数载的莘莘学子不知有多少，但能够成为文化大师者，大约难及百分之一；而天资平平（梁漱溟6岁时还不会

穿有背带的裤子，读小学时的课业成绩一直在中等以下）的梁漱溟竟能凭借自学而在哲学、佛学、政治学、经济学诸多领域皆有建树，实属奇迹。这些名人自学的事例可以一个学期给学生介绍2个。

向学生灌输这种思想观念不是一蹴而就的事，要在整个语文教学的过程中反复灌输，让这种观念牢牢扎根并化为学生的自学要求，自觉行为，这样，语文教学可事半功倍。

三、教师本人要加强对方法学、学习学、语文学习法方面的学习

我们的语文教师对语文知识、语文能力方面的学习是比较重视的，这方面的学习被人认为是专业学习，是理所当然的。但对方法学、学习学、语文学习法，特别是前两者的学习就往往不甚重视，所以不少语文教师缺乏这方面的知识和教学经验。整个学习思想的改革，整个语文教学的改革，要求我们要从只注重教转移到既重视教，也重视学方面来，要求我们从只注重教学转移到既重视教学，也重视自学方面来。教学，教学，说到底，就是教会学生自己学。为改革教学思想，为培养适应现代化社会发展的青年一代，为从根本上提高语文教学质量，为在指导学生掌握语文学习法，提高语文自学能力上有所作为，有所收获，语文教师必须加强方法学、学习学、语文学习法方面的学习。

四、调动一切教学手段，在一切教学活动中指导学生如何学

教学生掌握学习语文的方法，培养学生自学语文的能力，这一问题可专题讲，可通过讲课讲，可在复习和作文评讲，试卷分析时讲，也可通过课外活动讲。教师备课时不但要备教法，而且要备学生的学法。例如，上海市于漪老师的作文讲评计划就体现了这种授之以法的教学思想。她在学生写了《我熟悉的一个人》和《听聂耳同志谈谈音乐》的作文后，以"谈打开认识的窗户" "以用耳听"为题谈观察要领，教之以观察的方法。又如，河南省洛阳三中林永山老师针对学生作文不会构思的问题，从名家名篇中归纳出一些作文套路，如写人散文的引联式、转情式、议证式、记传式套路，叙事散文中的失得式、悬念式、领悟式、集锦式套路等70几种套路，让学生构思时参考，把构思的方法交给学生。例如，我们语文教师开学两周上课，可以什么课文都不讲，要学生借助字词典把整册课文通读一遍，像读一部长篇小说一样，从头读到尾，然后要他们填张调查表，如最喜欢课本中的哪一课，哪一道思考题，最不喜欢课本中的哪一课，哪一道思考题，你认为课本中最难读懂的是哪一课，最易读懂的是哪一课，全书有多少个字不认得，有多少个词不理解等，然后才根据学生的知识水平、学习心理开始上课。这种教法就是把学生学习的主动权交给学生，从一开始就把学生引

向自学的路。只要教师树立了教是为了将来不需要教的教学思想，如何贯彻可八仙过海各显神通。

五、指导学生总结自学体会，交流学法经验

学法的掌握是学生本人的行为，教师对学法的讲授和指导、示范，只能是一种引导、启示，不可能越俎代庖。所以要学生掌握学法，必须注意调动学生的主动性、积极性，要让学生从学习中体会、揣摩、总结出适合自己学习的行之有效的学法。因此，教师要特别重视指导学生总结自己的学习经验，特别重视通过各种组织形式，让学生交流各自的学习方法，用学生的范例去教育学生，如召开学习经验交流会、出墙报、开演讲会等。这项工作可结合对学生的听说读写能力的培养进行，以收一箭双雕之效。

教师只要注意以上五个问题，树立新的教学理念，注重课堂创新，指导学生掌握语文学习方法，培养学生语文自学能力，让学生掌握方法，拥有能力，离开教师也能自学，这就可实现教是为了将来不教的语文教学的最终目的。

浅析高中语文"积累学习"

一、高中语文"积累学习"的含义

高中语文"积累学习"是指学生为了学好高中语文在不断地进行的汉语言文字、词汇、句子、文段、文学及文化常识的知识和素材积累的同时，进行语文学习方法和生活的积累学习。这种"积累学习"是一种有目的的学习，它包含语文知识和语文学习习惯两个积累层次，尤其强调学生有意识培养学习习惯，增强自己学习语文的意识。

语文学习离不开语文基础知识的获取，如何评判一个人语文素质的高低，人们常常会以诗书满腹、能说会道，下笔千言、一挥而就来衡量。诗书满腹、下笔千言就是语言积累丰富，能说会道、一挥而就是语文能力强。那么说什么，写什么？其实说的写的都是自己心中的积累。离开了积累，说、写就成了无本之木，无源之水。要学好语文必须强调"积累学习"。一提到积累学习，有人就想到了死记硬背，就想到了食古不化，就想到了书袋子和书呆子，好像强调了积累，就一定会阻碍学生的灵性和创造力。其实，这是一种误解，是一种机械认识论。"积累学习"是一种能力取向，具有多层次性。尤其是高中阶段，"积累学习"的能力取向性主要强调积累习惯的培养。"积累学习"的多层次性主要就积累的内容而言，既包括字、词、句、篇等语言素材，又包括听、说、读、写等言语经验。

"默而识之，学而不厌"，这是对积累学习的强调。认为"识"是积累的重要手段，而且要"不厌"，即对知识的积累不产生满足感，不能停止。现在多数高中学生认为语文知识已经在初中学完了，汉字也基本认识，语汇也有了相当的基础，觉得语文的积累学习已经到了放一边的时候。再加上高考的压力，语文的功利效果很不明显，不如多花点精力在数理化上。因而，现在的高中生"默而识之，学而不厌"的对象往往不是语文。正如于漪老师在谈及语文教育面临的尴尬局面时所说："语文教学要多一点脚踏实地，少一点形式主义。"语文教育工作者引导学生加强语文积累，树立"积累学习"之风就是脚踏实地的一项工作。高中学生做好以下几方面的积累是非常必需的：字的积累、词的积累、名言名篇的积累、言语方法的积累、生活言语的积累和语文学习习惯的积累等。

二、"积累学习"的理论依据

1. 布鲁纳的认知结构理论

布鲁纳认为,学习包括三个几乎同时发生的过程:习得新信息,这种新信息常常是与一个人已有信息相背的,或是已有信息的替代,或是已有信息的提炼。转换,这是一种处理知识以便使其适应新任务的过程。人们可以通过外推、内插或变换等方法,把知识整理成另一种形式,以便超越所给予的信息。评价,检查自己处理信息的方式是否适合这项任务,如概括是否恰当?外推是否合适?内插是否正确?如此等等。布鲁纳认为,学生在掌握学科的基本结构的同时,还要掌握学习该学科的基本方法,其中发现得当方法和发现的态度是最为重要的。布鲁纳认为,所谓知识的学习就是头脑中形成一个知识结构,知识结构具有一定的层次,它可以通过一个人所发展的编码体系从3种表象模式(动作性模式、映象性模式和表征性模式)的每一种模式中表现出来。学习过程就是使编码系统的概念不断概括和深化,使之成为更完整、更概括的系统。高中生学习语文应具有关于字、词、句、篇、方法、生活等较为理性的认知结构,它们依赖于"积累学习"而获得。

2. 加涅的积累学习理论

加涅是行为主义与认知心理学派的折中主义者,他认为,人的发展取决于两个因素:生长与学习。加涅强调,引起学习的条件有两类:一类是内部条件,即学生在开始学习某一任务时已有的知识和能力,包括对目前的学习有利的和不利的因素。这对即将进行的学习某一些外部条件起重要作用;另一类是外部条件,这是独立于学生之外存在的,即指学习的环境。学习任何一种新的技能,都是以已经习得的、从属于它们的知识技能为基础的。学生心理的发展过程,除基本的生长因素外,主要是各类能力的获得和积累过程。

高中学生要学好语文其前提条件就是要具备较好的语文知识和能力的积累,不但要了解自己的"内部条件",还要有意识地提升"内部条件",即要加强语文的积累。当然,作为老师也有必要了解学生的"内部条件",还要有意识地为学生提升"内部条件"提供最大的环境支持。

三、高中语文"积累学习"的策略

1. "积累学习"手段的策略。从手段来看,主要介绍札记积累、笔记积累、日记积累等。

札记积累:札记积累,可主要对自己的思想火花进行记录,如读了一篇好文章,心里有了感慨,或见到诸如古人遗物、生活异常现象等触动了心灵,将这些以札记的形式记下来,从而就有了思想的积累。高中生思想活跃而新鲜,有的甚至比较敏锐，思想积累不仅能促进由思想到言语的生成，还能促成学生思想系统化。

笔记积累：笔记积累，可主要用作对自己比较欣赏的他人的语言材料的积累，如好词好句，好文段乃至好的整篇文章，用笔记的形式将其记录，以便需要时使用或平时记诵。

日记积累：可主要用于对生活的积累，可看成是心里言语的文字表现。

由于高中学生心理发展、文化修养、自控水平都已达到一定的水平，同时正向更高层次发展，因而札记积累、笔记积累、日记积累的必要性也就不言而喻了。

2. "积累学习"技巧的策略

从技巧来看，主要介绍："星火式"积累、"串珠式"积累法、循序积累等。

"星火式"积累：高中阶段对字的积累，其要求在小学和初中的基础上以识记为主，即在记住某字的音形义的基础上，更强调准确性和辩误性。对此，不妨学习现在流行的一种英语单词"星火式"记忆法，也叫作"星火式"积累。利用音形义的相同或相近进行星火式发散，相关字被某种相同之处而串联在一起，比较、辨析，从而达到记忆的准确性和辩误性的目的。例如，"咸"字，由它进行形近发散：咸→减、缄、碱、感、喊等；"单"字，形近发散：单→弹、掸、郸、惮、殚、箪、瘅、禅、蝉、婵、阐等。

"串珠"积词法：除了通过笔记做好课文词语积累外，高中生更要突出对鲜活词汇和成语的积累。许多人抱怨现在高中生词汇贫乏，语言干瘪，尤其是高考作文，语言乏味，令人生厌者甚多。其根本原因就是词汇积累不够。关于词汇积累古人在行酒令时有个方法很值得借鉴，先报上一词或成语，再由一个人以上词词尾字作开头，另说一词。这既可以作为一种课堂活动，也可以作为一项课外活动；既可以集体进行，也可以自娱自乐。既然是积累，当然是个人自行去做。不妨把它叫作"串珠"积词法。也可以采用发散法，如写出所有以"一"开头的成语和谚语等。

循序积累法《朱子读书法》着重从学习习惯、学习品质的角度强调积累学习。"读书之法，当循序而有常"，"以二书言之，则通一书而后及一书。以一书言之，篇章问句，首尾次第，亦各有序而不可乱也，量力所至而谨守之；字求其训，句索其旨；未得乎前，则不敢求乎后；未通乎此，则不敢志乎彼。"这就是说，学习需按部就班，有条不紊，扎实积累。许多学生知识系统不完整或知识结构混乱，根本原因就是没有做好循序积累。所以，循序积累不但是一种重要的学习方法，也是一种优良的学习品质。

名言名篇的积累最好是采用分类的方法，并借助电子的手段进行积累的办法。或以时代分类，或以地域分类，或以作者分类，或以作品内容分类等。

方法的积累，最好采用札记的方式，将自己在学习中总结出来的写字方法、记忆方法、计算方法、写作方法等及时记录下来，有利于由感性认识上升到理性认识。

生活积累，最好采用写日记、写作品的办法。高中阶段是世界观形成的重要时期，学生的思想世界和感情世界极为丰富，通过日记等的写作，一则积累了生活，二则能促成自己思想的成熟。

高中语文课堂师生互动有效性分析

摘要： 新课程标准中明确提出，教师和学生应在教学活动中实现有效的互动，使学生在教师的引导下能够实现德智体美劳的全面发展，实现素质教育的基本目标。在新课改的大背景下，高中语文课应适应时代潮流，积极改进现有的教学模式，适应社会发展需要，促进学生的综合素质的提高。

关键词： 和谐氛围 主体互动 主动学习 拓展方法

科技教育的进步促使我国教学新课程的改革，在高中语文课堂教学中，采用互动教学模式能够有效激发学生学习兴趣，让学生在教学过程中学会相互合作与沟通，增强集体荣誉感，这些不仅是学生必备的基本素质，同时也是社会对于人才培养的要求。互动教学法强调教师在课堂中要加强与学生的互动以及学生与学生之间的互动，这实际上也是发挥学生学习主体性地位和作用的具体表现。因此，高中语文教师在教学中一定要加强对互动性教学法的重视，结合学生和教学内容合理进行互动教学应用。本文就互动教学法在高中语文教学中的应用进行分析。

一、和谐的课堂氛围

互动是双方合作的活动，是通过双方双向的沟通交流产生的活动。高中语文课堂中和谐的互动氛围是课堂教学效率提高的重要条件。试想，在课堂上学生和教师之间互相独立，这样就会造成教师为主导的状态，教师主观地输出，学生则是被动地接受，这样的教学方式，并不能调动学生的积极性，培养学生对语文学习的兴趣，学生被动地接受知识，就不能将知识牢固地记忆，在课堂教学中，教师应提前对学生进行了解，对课堂进行设计，将情境教学法和启发式教学法运用到高中语文教学中，与学生一起营造互动的氛围，调动学生的主观能动性。例如，在《我有一个梦想》的教学中，对于马丁·路德·金的理解，每个学生会有不同的看法，有的学生认为他的经历是悲惨的，有的学生认为他悲惨的经历是一种历练，学生初读课文后，教师可以组织学生进行小组讨论，在学生讨论的过程中，教师在班里走一走，倾听学生的讨论，并给予恰当的指导，学生在展示结论后，教师根据课文内容及学生回答进行总结。通过这样的师生间的对话，学生可以自觉地投入到课堂互动中，这样的教学会使学生灵活地接受知识，有益于学生对所学知识的记忆和掌握。

二、利用双主体互动模式进行语文教学

改革要从语文教学的实际工作出发，首先对满堂讲、满堂问的课堂教学模式进行改革。只重课堂教学和课堂作文的教学体系导致学生阅读量和习作量太少，知识面过窄，对名著的教学仅仅停留在书名和作者人名的层面，好一点的教师会给学生讲一讲故事的梗概，然而学生也只是一知半解，不能产生共鸣，这不利于学生的长期发展，教师可以布置学生课外进行阅读，然后教师和学生以研讨会的形式来讲一讲每个人的读后感，教师不是主导者，而是和学生一起坐下来像朋友一般互相分享自己的阅读感受，也能够培养学生的阅读兴趣。因为学生缺乏对优秀语言材料的吸纳与积累，所以在最能促进学生思维训练以及检查学生思想和表达能力的作文方面，也常被误导，严重脱离了学生的实际生活，教师的作文批改也缺乏具体细致的指导意见，甚至用优、良、中、差这种完全没有意义的形式来给学生批改作文。双主体互动模式教学正是解决教师的"教"与学生的"学"两方面的问题，但是它对教师的要求比较高，前提是教师必须熟练掌握双主体互动教学模式的方法，而且要求教师要有强烈的创新意识。教学过程重在启发与诱导，适时通过发现法、情境法、暗示法、讨论法、点拨法等新颖的教学方法，选择合适的教学媒体激发学生的兴趣。

三、积极培养学生学习兴趣，主动学习

教师要善于引导学生热爱学习，双主体互动教学模式从"先教后学"转向"先学后教"，是在育人的理念下发挥学生的主体性的一种推进。学生从被动走向主动，要珍惜机会，主动学习。立足主体性，学生明确自己是学习的主人，提高积极主动学习的能力，自主地参与教学，积极培养学生学习兴趣，主动学习，主动地去追求进步与成长。在语文课堂上，教师要真正把每一个学生当作活生生的鲜明的个体，把教学视为与学生之间的交流与对话，积极主动地开展课堂讨论。教学要充分体现语文学科的"人文性"，用教师的激情，带动学生的激情，让学生充满热情地主动地去学习语文。

四、创设自主学习的条件，促进师生之间的融合交流

作为高中语文教师，我个人深深地感觉到由于受家庭、学校、社会多重的压力，高中生学习各学科的知识尤其是我国的基础学科——语文知识是多么地不堪重负。为此，在高中语文课堂上，教师如果仍旧采用"满堂灌"或"一言堂"的教学模式，自以为是地将知识一点点地灌输给学生，而全然不顾及学生的内

心感受，这无疑会使学生的学习雪上加霜。为此，我在课堂教学过程中为学生保留了充分的自主学习时间，在体现以学生为主体的新时期教育教学理念的同时，也充分尊重、理解学生，不以单项传输的方式给学生施加不必要的压力。每每在课堂之上留出三分之一课时，让学生能够主动学习，包括思考、操作、练习、讨论等各种形式。笔者笃信，让学生在课堂上自由讨论，才是构建新型师生关系的关键。而"讨论"一次已经并不新鲜，一些戴着有色眼镜的评论家认为，课堂之上为学生留出时间讨论不如多做几道习题，"讨论"只会成为学生聊天的一种冠冕的说法，此点笔者并不敢苟同。"讨论"并非让学生自由聊天，教师在此时走下讲台，走进学生中，无论从指导或是参与讨论上，都是对学生与教师沟通架设的一段极为便利的桥梁。笔者还通过分组的形式，让持不同观点的小组在讨论之后各派代表进行演讲。如此一来，不但调动了学生的学习积极性，更加让学生对于知识点有着更深层的理解与记忆。

五、拓展教学方法，重视师生互动

教学方法最终决定教学的质量，说千道万，最终也会反映到老师的教学方法中来。而且从传统课堂向互动性课堂过渡，还是需要利用老师教学中的指导性。拿到一篇新的课文，老师要尝试从学生理解的角度来学习和备课，并准备能够反映学生课堂学习情况的问题。在教学过程中，通过从学生那里获得这些问题的答案来了解学生的学习情况。从具体实践的细节来看，师生互动交流，需要老师放下自己的"架子"，适当给出一点教学意外，让学生来寻找老师的教学错误。学生从情感上获得和老师相同的地位，自然在课堂中的积极性能够大大提高。另外，老师除了单方面抛出问题之外，还要鼓励学生向老师提出问题。高中生已经有了一定程度的学习自觉性，也有自己的领悟能力。在预习或是课堂学习过程中，发现的问题，也是他们学习的障碍。及时在课堂教学中将这些问题解决，能够深化自己对课文的理解，加深自己的学习深度。师生互动教学，需要拓展老师的教学方法，采用更具创新性的一些教学方法。传统的教学过程很难激发学生的问题精神，更难将师生置于平等的学习地位中。创新性的教学方法有情境教学法，即通过营造与文章中相似的情境，来加深学生的带入感，能够有感同身受的感觉，更有利于理解；采用游戏教学的方法，将一些需要记忆的知识内容以游戏的方式来呈现，师生可以共同参与，如师生比赛等。在游戏中，学生能不自觉地巩固知识，提高自己的熟悉程度。而且师生参与，能够建立更加深厚的感情。在笔者的课堂中，笔者会和语文课代表一人带领一个小队，进行比赛。内容涉及古诗文背诵、好词好句接力、成语接龙等，还有互问互答环节，更是深受学生的喜爱。游戏是人最简单、最感兴趣的认知方式，有利于互动课堂的快乐氛围营造，能够将学生的荣誉感和好胜心激发出来。而且其中的交流，显得更加自然、容易。

六、运用多元化评价手段

教学评价是检验教学有效性的关键途径，教学评价考查教师的教学成绩。检验学生的学习能力和情况，以往的教学评价，通常都是通过考试形式进行，对学生期中考试、期末考试、单元考试成绩作为评价和考查的主要内容，考查的是学生对知识的掌握和应用能力，但是对学生的实践能力和综合素质却缺乏评价内容。因此，当前高中语文评价中应该引入多元化的评价模式，从不同的角度去评价，在各个教学上，要渗透学生评价，采用多样的评价模式进行评价，评价要做到及时、准确及立体，对于学习成绩优秀的学生要给予表扬，对于学习不好的学生则要进行鼓励，让学生在课堂中能够单独评价、谈话，拓展学生的发挥空间，促进高中语文互动教学的发展。

总而言之，互动式教学在高中语文教学中的运用，可以改变传统单一、枯燥的语文教学模式，营造良好的教学氛围和实现良好的教学效果。因此，在高中语文的教学中，教师应当结合当前高中语文互动式教学存在的问题，结合新课程改革的理念，不断创新和丰富高中语文互动式教学模式，促进高中语文教学的改革，实现良好的教学效果。

参考文献：

[1] 陈韩保,徐丹."互动式教学"在高中语文课堂中实施的设想[J].新课程研究，2013（06）.

[2] 包日娥.小学语文教学中师生之间的有效互动探析[J].亚太教育，2016（28）：33.

[3] 罗露.高中语文多维护互动写作教学探究[D].江西师范大学，2016.

[4] 曾红娇.中学语文教学中的互动教学模式及其建构[J].新西部（理论版），2017（07）.

浅谈高中语文阅读教学

摘要：高中语文阅读教学，能够提升学生的理解能力、阅读能力和思考能力，对于他们逻辑思维的延伸和情感素质的培养，有着很大的促进意义。如何帮助学生解读文本，就显得尤为重要。如果我们在课堂上一味地以高考的题型要求贯穿课堂阅读，并作为课堂的最终目标，那么学生就很难领会文本的博大精深，不能实现高中阅读教学的目的，我们的学生最终只能成为学习的工具。

关键词：因材施教　重视创新　灵活组织　授课方式

语文作为基础学科，是培养学生母语能力的一个重要学科，而阅读是整个学习阶段的关键所在。在语文学习中，学生要提高的不仅是口头表达能力，还有对文本的理解能力，这对日后写作水平的提升起着关键性作用。在高中语文课程教学中，阅读是学生获取信息和掌握新知识的关键途径，扩大阅读量能够增加学生的语文知识储备，而且在高中教育阶段，学生正处于智力飞速发展的重要时期，注重阅读教学更具现实意义。在课程教学过程中，教师应该及时调整语文阅读教学理念和教学模式，激发学生的阅读兴趣，提高语文阅读的有效性。

一、尊重学生的差异性，实现因材施教

高中语文教师必须要充分地认识到不同学生在客观上是存在一定差异的，这种差异性往往表现在实际的认知能力上。此外，不同学生在个性发展方面也存在较大的差异性，这些基本前提都要求教师必须要立足于学生的主体性，尊重学生的差异性，实现因材施教。具体来说，主要需要从以下两个方面入手：第一，教师在进行阅读教学的过程当中需要照顾到不同学生的实际能力与实际需求，尽量采用有梯度的教学，尤其是在进行阅读作业设计的过程当中，应该允许学生根据自己的实际能力选择对应的题目进行练习，这不仅适合学生的能力发展，同时也维护了学生的尊严。第二，采用个性化的阅读方式，激发阅读兴趣。教师需要根据学生的实际心理状态与性格特征制订不同的阅读教学计划，引导学生进行自主阅读，从而让学生真正融入阅读当中，不断提高学生的阅读兴趣。

二、根据教学大纲的需求，设计探索性阅读

高中语文阅读具有一定的开放性，因此，可以将探索性阅读融入教学当中，从而促进学生能力的全面提升。但是探索性阅读对教师的能力提出了较高的要求，教师在进行阅读教学之前，必须要对教学大纲的具体要求具有较高的了解，并结合教学大纲的实际需求设计成具有一定针对性的探究性教学活动，将具体的知识点融入学生探究的过程当中，引导学生通过探究性学习的方式提高自己的阅读能力。在探究性阅读的过程当中，学生不仅需要从语文阅读的角度出发对文章的内容进行深入的分析，同时还需要通过多种途径对文章的内在思想价值观念进行深入的思考。在进行探究性教学的过程当中需要遵循学生自主探索与教师指导有机结合的基本原则。教师需要在必要的时候给予学生指导，从而推动学生的探索过程。

三、教师重视创新，注重学生能力培养

在教学手法上，教师应注重采取多样教学模式，调动学生学习的积极性，培养学生阅读兴趣。不同的教师应具备独特的教学风格，创新阅读方法是关键的一步。此外，教师可以侧重语文阅读考试形式的创新，打破传统的考试模式，注重对学生思维的考查，不局限考试答案，促进素质教育的提升，包括对学生阅读能力、写作能力、分析能力以及理解能力的提高。在学生阅读能力的培养上，教师应帮助学生培养阅读兴趣，养成自我阅读的习惯。在语文教学中，采取开放式手段，不局限于教材，将课本知识与生活实际相关联，从课堂走向生活，感知语文世界学习的乐趣。例如，教师可以让学生每日进行一定的文本阅读，组织读书分享会，在同学间的互相分享中培养阅读兴趣，也为写作能力的提升打好扎实的基础。

四、灵活组织问题语言，让学生明确问题考查的重点

在高中课堂提问时，很多学生对语文提问积极性不够高，学习语文阅读能力得不到很好发展。同时，有些语文考查的题目不是单纯针对具体问题进行提问，而是用其他表达方式来实现对问题的考查。所以，需要教师灵活组织问题语言，不仅让学生积极性得到提高，同时实现学生对考查问题有更为清晰的认识。笔者在进行课堂提问时，会改变传统的提问方式，让学生学习热情得到更好发展。例如，在讲解《装在套子里的人》一文时，笔者对描写方式进行提问时，首先会提问学生："同学们，你在描写一个人时，通常是怎么描写的？"这时学生回答道："介绍他的外貌特征、动作特征、语言和心理活动。"接着，笔者会问学生："大家回到这个题目里面，让大家告诉我作者运用什么描写方

式？"此时学生把契诃夫先生的写作手法一一列出。再接着，笔者会问学生："大家请告诉我这样描写的好处和作用。"学生参照之前讲解的内容，可以把问题进行清晰的分析。接着，笔者会告诉学生："同学们，大家在考试当中，提问并不是直接问这句话的作用，或者某个修辞手法的好处，而是通过间接的方式让大家去分析。"这时，笔者再结合具体案例让学生去理解，学生理解起来就迅速多了。例如某道阅读题，它的问题是小说的明暗线索是什么？这样处理的好处是什么？此时，笔者问学生："同学们，这道题目考查的是线索，这和我们讲解写作技巧的哪个方面有对应？"此时学生立刻应道："是句式结构。"此时，学生参照文章的结构来分析行文思路，从而得出小说的明暗线索。接着，笔者会告诉学生："这样的好处是什么，是不是和写作技巧的好处对应起来呢？"这就把题目转换成之前讲解的知识。学生这个时候就对考试问题有一个全面的认识，懂得了如何读懂题目要求的内容。

五、给予学生充分的思考空间，让学生阅读能力得到充分锻炼

教师在课堂提问时，不仅要让学生掌握阅读的知识，还要注重对学生思维能力进行锻炼，给予学生充分的思考空间。这样，学生才能牢固地掌握阅读的知识，实现学生阅读水平的显著提高。只有学生充分认识为什么要这样答题，题目的着眼点在哪里？这样，学生才会更好地掌握答题步骤，懂得如何去分析问题，实现学生阅读能力的发展。例如，笔者在讲解阅读的表达方式和表现手法时，会问学生："同学们，大家思考几分钟，把表达方式和表现技巧的区别列出来。"这时学生开始进行分析思考，比较两者的不同之处。在学生进行充分思考之后，有学生回答道："表现技巧是指在说话时，为了更好地突出效果，使用了一些方法，比如运用修辞，如比喻、夸张、反问等，或者是用一些特殊的词语，比如大词小用，词语感情色彩发生变化；而表达方式通常是针对整篇文章而言。"接着，笔者让学生列出表现技巧和表达方式的具体内容。学生列出表现技巧包括比喻、借代、夸张、对偶、对比、比拟、排比、设问、反问、引用、反语、反复、起兴、联想、烘托、扬抑等；表达方式分为叙述、描写、抒情、议论、说明。笔者对学生说："大家在解析问题后，一定要弄清楚相关的理论知识，一定要充分去思考一下为什么这样解读，解题步骤有哪些，这样才能更好地实现对问题的解决。"

六、不同类型的阅读采用不同的授课方式

众所周知，高中语文阅读在高考中所占比例越来越大，因此，无论是家长还是学校都非常重视培养高中生的阅读能力。所以，要想提高高中语文阅读课

堂教学的有效性，教师要灵活地转变授课方式。随着科学技术的发展，同学们对各种知识的理解能力和接受能力远远超出我们的想象，他们更渴望一种相对自主、活跃的课堂氛围。我们都知道，当我们去商场购物时，如果你想买某一种商品，正好有关它的广告正在播放，那么你会毫不犹豫地选择它。因为，我们在潜移默化中被新奇的广告吸引。高中生课堂阅读教学也是如此。例如，我们在学习毛泽东的《沁园春·雪》这首词时，在课前先问同学们一个问题，即"有没有看过《冬季恋歌》这部韩剧？"然后在PPT上放出男女主角在雪中漫步的场景，引出本节课的主题"雪"，让同学们先分享一首自己喜欢的关于"雪"的诗，然后导入我们今天要学的内容——《沁园春·雪》。

阅读是能够突破自我不断提升的重要学习方式，新课标下的高中语文阅读教学既要继承传统教学的精华，更要凸显能力提升的长远性目标，以学生为主体，围绕学生的可持续性能力发展展开，要重视对学生的朗读训练，更要教会学生必要的朗读技巧，还有帮助学生制定可持续发展的阅读目标，要从现实和长远出发，提升学生的阅读品质。

参考文献：

[1] 邓学东．探寻阅读教学的有效路径 [J]．中学语文·大语文论坛，2017（6）．

[2] 李颖．把"愉快教育"引入课堂提高语文教学效果 [J]．新课程研究（上旬刊），2011（1）．

[3] 邹金桃．手机阅读引入高中语文课外阅读撷谈．教育导刊（上半月），2012（1）．

[4] 王虹．高中语文阅读教学中的对话策略 [J]．考试周刊，2015（50）．

[5] 肖梦华．高中语文"对话式"阅读教学策略 [J]．科教文汇（下旬刊），2007（04）．

高中语文课堂导入略析

当前，新课程改革正不断深入，语文课堂上要求老师少讲、学生多讲，让学生真正成为课堂的主人，甚至一些中学出现了"将课堂交给学生"的教学理念。

这些教学理念，其最终目的，就是呼唤把课堂还给学生。老师在课堂上少讲，而其在课外下的功夫却不少，因为课堂的每一个环节都至关重要，都得精心筹划。其中第一个环节"课堂导入"是重中之重。尤其是如果希望学生在课堂上真正"动"起来，一个好的开头往往会取得"转轴拨弦三两声，未成曲调先有情"的效果。它既能提起学生的兴趣，又能激发学生的求知欲，为整节课的学习打下良好的基础，使整个教学活动进行得生动、活泼、自然。

课堂导入的形式和方法是多种多样的，结合学生的心理特点，我们可以做如下一些尝试。具体如下：

一、悬念法

传统评书往往在结尾处设置悬念，以吸引听众的兴趣，语文课在导入时也可以设置悬念，能唤起学生的注意力，拓展学生思维跨度，使学生处在渴求表达的状态。例如，教学《烛之武退秦师》时，就可以用"三十六计"激发学生的兴趣，然后问"本文用了'三十六计'中的哪一计"来设置悬念。再如，在教学《孔雀东南飞》时，可说："女主人公美丽贤惠，那么她究竟因何而被休弃的呢？""学生的好奇心被激起，并结合《礼记》中的古义文化知识"女子七弃"及有关事例，学生展开讨论，从而达到对文本积极而深入的学习的目的。又如，在教学《祝福》时，用"祥林嫂是自杀还是他杀"设置悬念导入。

二、串联法

比如，在学习苏洵的散文《六国论》时，就可结合已学过的《过秦论》进行导入：同学们，我们刚刚学过贾谊的千古鸿文《过秦论》，这篇文章气势磅礴，论述了秦王朝的什么过失呢？（学生回答："仁义不施而攻守之势异也"）我们今天再学一篇有关秦国的文章《六国论》，大家可思考两篇文章在主旨、写作目的和创作角度上的异同点。简单的几句话不仅点明了两篇课文的风格，也提示了学生对新课的注意，引起学生对前课内容的回忆，从而更好地投入到新课学习中去。

三、点面法

学生学习知识是由点到面的积累，由特殊到一般的转变。我们在导入课文时则可反其道而行之，由一般情况落实到特殊的一篇课文上来，这样便于学生接受和理解。例如，学习《念奴娇·赤壁怀古》时，这样导入："许多古人，每见名山大川，必有所感怀，如孔子'登泰山而小天下'，范仲淹临洞庭忧苍生，欧阳修游滁州而醉山水，他们心为山动，情为水发，锦文华章喷涌而出，留下许多千古绝唱。宋代文豪苏东坡来到历经沧桑的赤壁古战场，同样情难自己，醉书一曲《念奴娇·赤壁怀古》，让后人传唱。"

四、故事法

许多老师都有这样的感觉，课堂上提到课本外的内容时，学生的积极性很高，对这些内容特别感兴趣。教师课堂中如能根据学生的这一特点，以一些故事来导入课文，无疑会取得事半功倍的效果。例如，教《拿来主义》时，可设计这样的导语："天津有位作家叫冯骥才，他访问法国时，在一次欢迎宴会上，外国记者接二连三地向他提问。其中一位记者问：'尊敬的冯先生，贵国改革开放，学习西方资产阶级的东西，你们就不担心变成资本主义吗？'冯先生回答：'不！人吃了猪肉不会变成猪，吃了牛肉不会变成牛。'他幽默机智的回答，博得满堂喝彩。是的，我们学习资本主义的东西，不会变成资本主义，同样，继承文化遗产时，只要我们坚持正确的原则，就一定能成功，这个原则就是'拿来主义'。""这时学生就想知道"什么是拿来主义"，"为什么要实行拿来主义"，于是便乘机导入课文的学习。

五、情境创设式

平时的生活和课文中所描绘的情境有很大的差别，因此，在教学过程中，教师如能创设出一个与课文相符合的情境，能让学生在最短时间内进入角色，将会对提高课堂教学效率起着重要的作用。例如，在学习《鸿门宴》时，可先让学生听歌曲《霸王别姬》，音乐声响起，学生立即被歌曲中所体现出来的项羽对虞姬的万丈柔情以及英雄末路的无奈深深吸引，然后再问："曾经是'力拔山兮气盖世'的项羽，怎么会沦落到这样一种下场呢？让我们来看一下司马迁是如何告诉我们的。"这样便将学生的思维引入了恰当的轨道，让他们在不知不觉中进入角色。

在新课导语设计上，除上述示例外，还有许多其他方法。总之，作为课堂的第一环节，导入可以是多姿多彩的。但是无论如何设计，都要为全课的教学目的和教学重点服务，与讲课的内容紧密相连，自然衔接。导入都应该切合学生实际，学生是教学的主体和对象，而学生的实际包括知识基础、生活阅历、心理特征、思维特点等，调动起学生的积极性和主动性，加强师生间的双边活动，从而提高授课效率。

谈语文教师在教学中应扮演的角色

语文教学是一台戏，教师只有演好自己的角色，才能提高这台戏的质量，然而许多教师在教学中往往越俎代庖代替学生思考或代替作者言论，这不是语文教师应扮演的角色，下面我谈谈对语文教师应扮演角色的几点认识：

一、语文教师应在学生与教材之间扮演桥的角色

教材是语文知识的载体，学生是获取语文知识的主体。教师的任务是如何能让学生从教材中获取知识，教师这座桥就是让学生走进教材，与教材交流，我们的任务就是解决学生与教材交流时出现的障碍和引导学生怎样更好理解教材。我们不能把自己对教材的认识强加给学生，同时要承认学生对教材理解的差异性。总之，教师要扮演好桥的角色，就是让教师不要越权代替学生思考，代替作者言论，要让学生充分与教材交流。

教师如何能扮演好桥的角色呢？首先，使学生对教材产生兴趣，否则就是桥搭了学生也不愿意通过。这一点我认为应从减轻学生阅读时的心理压力，提高学生感悟入手，要让学生感受到阅读教材是一种享受，而不是沉重的负担。教学时不让学生感到阅读就是为了回答问题和做"条块"式的分析，而要他感到阅读是为了感受一种美。其次，我们要设计好教材这个诱饵，充分挖掘教材中学生发现不了或感受不到的艺术美和思想美，使学生感到教材不仅是知识的载体而是艺术，是思想的结晶，要让学生萌发从教材中感受到这些东西的欲望。最后，我们在教学中重点教给学生理解教材的方法，让学生运用正确的方法获取知识。

二、在阅读上教师应做打开学生阅读视野大门的钥匙

教材的知识是有限的，课堂教学也是有限的，语文教师要做好打开学生阅读视野大门的钥匙，就要求我们不能整天围着课本转，要给学生创造良好的课外阅读环境，让学生从课堂学习中走向课外学习。怎样才能做好开拓学生阅读视野的钥匙呢？首先，培养阅读兴趣，要给学生阅读的自由。比如，阅读内容，除不健康的书籍之外，不管历史、科技、社会等都可以读；其次，做好阅读指导。比如，怎样选书，怎样看书等都要做认真指导；最后，培养良好的阅读习惯。比如，养成每天定时阅读的习惯，记读书笔记的习惯，阅读中提问题的习惯等。

语文教师做好学生课外阅读工作，不仅对课堂教学有帮助，而且对学生自身发展也是种促进，随着教学改革的深入，语文教师的这项工作显得越来越重要。

三、在学生人文精神的渗透上教师要做艺术感染的天使

人文精神不能靠强行说教传给学生，这样做会适得其反，人文精神传输重在熏陶、感染。我们语文教师不能只懂一些汉语知识或修辞等语文理论知识就行，我们要加强修养，培养良好的人文精神，我们才能把自己的人文精神渗透到学生身上。

教师要做好艺术感染的天使，要在这几方面加强修养。首先，情感上要丰富而真诚，"感人心者莫先乎情"。可以说语文教学是情感教学，主要体现在学生与作者、学生与教师、教师与作者及学生与学生的情感交流上，通过交流来感受对方情感上的美，以使学生受到熏陶，从而内化为自己的思想情感。其次，在言行上要有风度。言的风度即指教师的语言要有感染力，这主要包括语言的运用和表达上要有艺术性。言行风度主要的一点就是用自己的行动来教育学生，做学生的表率。最后，语文教师要有较高的艺术鉴赏能力和艺术修养，只有这样我们才能引导学生发现教材和生活中的美，才能引导学生去感受、去创造这些美。

四、在创新精神上做学生的开路先锋

现代教育要培养学生的创新精神，在传统教育上教师处于学生之上，其思想统治束缚着学生的思想。例如，要听老师的话，要按老师要求的去做，似乎老师是真理之神，一切都是正确的，不容许学生对自己怀疑甚至批判，这些都不利于学生创新精神的培养。因此，我们要勇于做打破这种传统教育思想束缚的开路先锋。

其一，要培养学生的怀疑、批判精神，教师要超越自我，敢让学生向自己挑战，为培养学生的批判精神，我曾经给学生抄过这样一首童谣："现代教师武艺高，个个都会扔'飞镖'，教学更是有法宝，不是作业就是考，班里纪律真是妙，不能说话不能笑，学生胆敢大声叫，马上把他父母找。"这首童谣表现了学生对一些老师的讽刺和批判。一般老师是不会抄给学生看的。我的这一举动，主要是从我做起，做好自我批评，为学生做好示范。另外，在教学中多让学生谈自己的感受，说自己的想法，多出些主观性试题，在评价时不要求统一，尊重个性差异。只有这样学生主体性才会得到体现，学生才敢想敢做。

随着语文教学的发展，我们语文教师对自己角色不断有新的认识，不管自己扮演什么角色，我们都是为了提高学生的素质。所以，最后我呼吁我们的

语文教师，别让"八股"式课文分析束缚我们的教学，在教改深入的今天，把学生的个性，创造精神，良好语文习惯培养起来吧，这才是我们的根本任务。

自学辅导教学模式在高中语文教学中的应用现状分析

摘要：当前我国教育机构的工作人员对高中语文教学模式改革越来越重视，旨在增强我国高中阶段学生语文学习能力，提高办学质量。本文就现阶段我国高中语文教学中自学辅导教学模式应用的基本现状进行了具体分析，重点强调了自学辅导地位、向学生传输自学辅导优势、指导学生养成自学方法、拉近师生距离、确立学生主体地位等，希望为关注这一领域的人士提供参考意见。

关键词：自学辅导　高中语文教学　师生距离　学生主体地位

引言：随着我国国民经济的发展以及人民生活水平的提高，国家和社会对于高中阶段的各科教学工作不断加以重视，其中促进高中阶段语文教学体系和教学方法的改革是当前教育机构以及教育工作者工作研究的重点和难点之一。部分地区已经率先提出了在高中语文课堂中发挥学生自主学习能力，提高自学辅导教学模式的应用地位，培养学生的创新意识与实践能力，增强高中语文教学的有效性。

一、转变教育观念提升自学辅导地位

随着我国教育体制的不断发展和完善，新课程标准中体现的主要教育理念是要一切为学生发展而努力。因此，在现阶段我国各地区的高中语文课堂中，语文教师也在不断完善自身的教学模式和教学手段，提高自学辅导的地位。对于学生可以通过自己的实践操作完成的项目，鼓励学生进行实践；对于学生可以自主学习到的知识点，鼓励学生去探索。在自学辅导教育模式的背景下，教师主要任务是根据学生的反馈，有针对性地进行讲解与指导。例如，大方一中就对语文课堂教学观念进行转变，弱化教师在语文课堂整个教学过程中的主控地位，由课堂主控者向学习引导者方向转变。同时，我校语文教师还在于不同学生独立自主学习的基础上对不同学习阶段的学生分别指导，进行辅差和培优，提高学生语文学习能力。

二、不断向学生传输自学辅导优势

除了学校的教职员工需要转变对语文课堂教学的思想认识，教师还需要帮助高中阶段的学生提升对于自学能力的认知。当前我国的高中语文教学体制改革还处于起步阶段，因此改革不能冒进更不能急于求成。为了更好地促进传统语文教学模式向自学辅导教学模式的转变，必须要加强学生对于新型语文学习形式的接受能力，以便改革能顺利有效开展。例如，我们可以利用课余时间组织学生参与关于如何提高自学能力和提高学生对语文课堂积极性的讨论会，让学生们认识到可以通过自己的努力，改变过去的学习成绩，提高自身学习能力。我们还可以加强后进学生对自学辅导教学模式的认知，帮助后进学生改变自身的学习状况；对于优秀的学生，我们可以采取扩展学生学习范围的方法，进一步开发出优秀学生的学习潜能，促进此类学生向综合型学习人才方向转变。

三、指导学生养成自学学习方法

高中语文教学环节中的自学辅导教学模式的基本模式就是依靠学生们自身的学习能力进行自学学习，并且在这一过程中提高学生们的自学能力，促进语文课堂教学有效性提升。教师在自学辅导的教学模式中，需要积极辅导学生们养成科学有效的自学学习能力，学生们也要积极配合教师形成自学学习方法。例如，我们在语文课堂中，教师在进行语文课文讲解时，就注意引导学生对于不同类型和不同学习需求的课文采用更加具有针对性的学习方法。对于精读课文需要全面掌握文章中的生字、语法、中心思想等知识点；对于自学课文，学生们只需在阅读之后对文章的整体结构和故事内容有所了解即可。并且，教师还要注意指导学生形成多种阅读手段相结合的语文学习技巧，在同一篇课文的不同段落可以结合运用速读、略读以及精读等方式，提升阅读速度，提高学习效率。

四、自学辅导教学模式拉近师生距离

自学辅导教学模式在高中语文教学课堂中的应用，不会因为教师主体地位的弱化而使师生之间的关系变得疏离，反之，自学辅导教学模式能促进师生关系更加亲密，拉近师生之间的距离。传统高中语文课堂教学模式之中，学生对于师生形象以及师生之间的关系存在刻板印象。学生认为教师就是负责知识点传授和讲解，学生需要对教师所教授的内容全部掌握，因此往往会出现千篇一律的课堂教学形式。自学辅导教学模式，教师侧重于培养学生的自学能力，并且根据不同学习阶段以及学习特点的学生，教师会采取更加具有针对性的教学方法，提高学生们对知识点的理解能力。并且在这一过程中，教师会加强对学生个性的了解，有利于拉近师生之间关系。

五、自学辅导教学模式确立学生主体地位

自学辅导教学模式要求学生确立自身在课堂中的主体地位，转变教师讲解控制课堂为学生自主学习的模式。例如，大方一中在中学语文课堂中，笔者就采用自学辅导教学模式，学校也提出了"三项转变"的指导方针，提高自学辅导教学模式在语文课堂中的应用效果。学校提出 "三项转变"教学理念主要包括将灌输式教学转变为启发式教学、学生被动地位转变为主体地位、教的主体地位转变为主导地位。在不断实践的过程中，学校根据自身语文课堂实际教学情况，对自学辅导进行优化，提高学生的主体地位，在课堂中鼓励学生主动参与到教学环节中，允许学生犯错，并且在犯错之后引导学生自己发现错误根源，及时进行修正。尊重每个同学在课堂中的发言与行动，鼓励学生带着问题进行思考实践，提高自身学习能力。

总结：综上所述，在我国教育体制不断改革和优化的趋势下，在高中语文教学环节中应用自学辅导教学模式有利于提高高中语文教学的有效性。自学辅导的教学模式还能提高学生们对于问题独立思考的能力，真正发挥学生在学习过程中的主体地位。经过各地区的教育工作者以及教育领域专家的不断研究探索与实践，自学辅导教学模式必将不断完善，为我国教育事业发展做出巨大贡献。

参考文献：

[1] 齐兵 . 高中语文教学中"微课"的应用价值与策略 [J]. 语文学刊（外语教育教学），2016, 11(04)：122-123.

[2] 韩梅，宋亚萍，张瑜 . 论自主学习模式在高中语文教学中的应用 [J]. 西部素质教育 , 2016, 26(06)：164.

[3] 王桂春 . 多媒体技术在高中语文教学中的应用 [J]. 西部素质教育 , 2015, 14(12)：88-89.

[4] 代杨，孙晓青 . 小组联动合作探究模式在高中语文教学中的应用 [J]. 科教导刊（中旬刊），2015, 28(04)：90-91+137.

[5] 陈玉 . 自主合作探究模式在高中语文教学中的应用 [J]. 教育教学论坛 , 2013, 23(22)：165-166.

高中语文教育教学方法创新探究

摘要： 随着现代社会的不断发展，社会对人才的需求，创新能力已经成为必要的基础条件。只有拥有创新能力的人才能够为社会提供更加有价值的想法，才能为社会的发展和进步在一定程度上做出大的贡献。高中语文老师要顺利完成教学任务，首先要转变教学理念，转变教学的方式方法，努力开拓创新，充分调动学生学习语文的积极性，使他们变被动学习为主动学习，形成良好的学习习惯，激发学生强烈的求知欲望，从而更好地培养学生的语文素养，提高学生整体素质。

关键词： 创新意识　创新思维　创新能力

语文作为工具，在学习生活中起到很重要的作用，是每个人都要使用的。如果想要在思考、表达、创新的学习中有所提高，学生就应当努力学好语文。创新教育是素质教育的核心，在教学中通过适当的教育和引导可以激发学生的创造性思维能力。作为高中语文教师，应该不断提高自身的综合素质，发挥自己的创造力，多措并举，在课堂内外引导学生从不同角度观察问题，用多种思维解决问题，不断培养学生的创新能力，为21世纪培养更多的人才。本文从高中语文教学中探究语文创新方向、更新教学理念、改革教学模式等方面进行了浅要分析。

一、改变传统观念，激发创新意识

在传统的教学方式中，往往将传道、授业、解惑作为根本出发点，教师也成为课堂的主体，长期以来这种守旧的教育模式，使学生的思想局限于传统的固定框架之中。因此，我们应该从根本上改变过去传统的教学理念。将过去单一的知识传送，变成如今的探究式互动合作学习。教师们应该将学生当成课堂的主体，对学生进行适当的鼓励和启发，对学生的回答要作出适当的肯定，从而开发学生的智力，提高学生发散性思维的能力。除此之外，教师不应该将关注的目标单一地放在学生的学习成绩之上，应该考虑到学生综合素质的培养。根据教材中理论知识的内容，结合一定的德育教育，用教材中人物的高尚品质来感染学生，让学生们深刻地感受到，教材中所体现的积极向上的精神；同时，教师也应该对自身严格要求，以自身作为榜样，给学生们树立一个正确的发展方向，从而培养学生们形成正确的价值观和人生观，为他们日后发展成为全方位的综合型人才奠定坚实的基础。

二、打破集中性思维，培养发散性思维

在传统的语文教学中，对于任何一个问题都有一套固定的回答方式和标准答案，这种教学方式在很大程度上限制了学生们发散性思维的进一步发展。根据这种不良情况，在语文教学的过程中，教师们应该对课堂问题进行精心的设计，多引入一些开放性的问题，为学生提供一些变式训练，在训练中培养学生的发散性思维。同时，教师还应该寻找一些具有启发性和思考性的问题，引导学生从多个角度入手，全方位地思考问题。对于学生们的发言，教师应该给予鼓励和认可，同时，还要培养学生大胆提问的良好习惯，学生在提问的过程中就可以证明学生对这个问题进行了充分的思考，在潜移默化中提升学生的发散性思维，因此，教师应该给予学生鼓励，鼓励学生大胆提问，让学生在提问中收获思维的扩展。与此同时，教师还应该将发散性思维广泛地应用到作文教学中，启发学生从不同的角度入手，对文章进行立意，鼓励学生提出创新的观点，将创新的因素融入作文中。例如，一个题目就可以存在"一题多写""一事多写"的情况，而且根据一个题目，教师可以引导学生设计出不同的内容和主题，从而表述学生们不同的观点，这也是提升学生们发散性思维的一种有效途径。

三、改进教学方法，训练学生创新的思维

传统的教学方法，不能适应新时代学生发展的需要。语文不仅仅是传统意义上的工具学科，同时也是一门训练学生创新思维的基础学科。培养学生的创新思维，老师就要变传统的应试教学为现代的创新式教学。传统的应试教学不给学生积极的思维空间，抑制了学生灵活思维。创新式教学则允许学生积极思维，成为教学的主体。笔者认为，教学中运用启发式的探索教学方法，即老师提问后，指导学生开动脑筋，大胆思考，启发诱导，让学生在探索之中创造性地解决问题。这样在教学中，师生的思维双向互动，双向显露，学生明白老师的思维方法，老师也反过来看到学生的思维过程，能够指导学生向正确的方向思考，在相互协作的教学过程中，加强了学生创新思维的训练。

四、调动学生的多种感官，创造条件，让学生全面展现自我

教学活动是师生的双边活动。因此，教师在课堂上要巧设问题，引导学生，点拨学生，学生要通过自己的活动，获取知识。所以说，课堂舞台上的主角不是教师，而是学生。没有学生积极参与的课堂教学，不可能有高质量和高效率。

心理学家认为："课堂上只有经常性启发学生动手、动口、动脑，自己去发现问题，解决问题，才能使学生始终处于一种积极探索知识，寻求答案的最佳学习状态中。"课堂教学中只有充分调动学生的多种感官，让学生在全方位参与中学习，才能激发学生的学习积极性，提高学生的参与率，使语文课堂生机勃勃，充满活力。

五、教给学习方法，培养学生创新的能力

著名教育家叶圣陶先生曾说过："教是为了不教。"老师在教学中，不能只是简单的知识传授者，不是为了让学生学会知识，而是要让学生会学知识。"授人以鱼不如授人以渔。"随着社会的发展，知识的不断更新，语文知识也会不断延伸和发展，语文教学就不能仅仅停留在"学会"上，更要在"会学"上下功夫。因此，语文老师在教学中要教会学生掌握如何阅读、如何写作、如何进行口语交际等最基本的语文学习方法，培养学生合作学习，探究学习，让学生合作交流，取长补短，逐渐养成自主学习的习惯，提高自学的能力。学生一旦具备了较强的自学能力，就会在广阔的语文世界里自由飞翔，创新便有了不竭的源泉。

六、树立信息化课程观

在社会经济、科技发展的带动下，各种新颖、先进的信息技术也在教育领域得到了广泛应用与推广，其带来的影响也是极其显著的。对此，在高中语文校本课程改革中，广大语文教师应积极树立信息化的课程观与知识观。首先，教师应注重语文课本与网络世界之间的科学联系。例如，在讲解《祝福》的相关内容时，就可以从网络上搜集一些关于鲁迅先生的文章，将其融入班级论坛中，让学生进行浏览与拓展探究，并在此过程中，对文章的写作背景，以及鲁迅先生的写作风格等方面做出进一步的了解，以获得更深刻的理解与感悟；其次，在师生探究、沟通过程中，教师也要做出正面、积极的引导，让学生可以始终采用一种正面的姿态去探索网络世界，从中学习、积累到更丰富的语文知识，形成良好的人文品行。另外，在授课实践中，教师也应该积极引用各种信息技术来辅助语文教学，构建生动、高效的语文课堂，进一步增强学生语文学习兴趣的同时，也获得更理想的教学效果，积累到更丰富的校本课程资源。

七、强化时间制度保障

当前，很多高中学校在开发、利用校本课程的相关工作时，都未投入足够的时间、精力，这也是各学校校本课程改革一直难以获得理想效果的重要原因。

同时，教师教育理念落后、文化修养有待提升，以及课程改革技能有待完善等问题的存在，也是制约校本课程改革品质的重要因素。再加上很多教师在开发校本课程时，都未对学生的兴趣爱好、认知发展特点做出综合考虑，严重阻碍着课程开发实效性的显著提升，管理缺乏规范性，进而导致课程开发呈现出较强的随意性。另外，对于高中语文教师来讲，教师往往承担了太多、太重的教学负担与压力，再加上校本课程改革，很多教师都是心有余而力不足。对此，一方面，各高中学校领导应给予教师足够的时间、制度保障，并通过构建完善的"校本教研""学生家长委员会"以及"激励制度"等一系列制度体系，以此来确保各项改革工作的高效、有序落实，真正实现稳定、可持续发展；另一方面，针对目前教师沿用的较为传统的教学策略，以及一些不合时宜的教学手段，学校要创造条件，让教师能够真正全身心地投入到科研、课程开发等工作中来，以此来有效拉近语文教学与高考之间的距离，推动应试、素质教育的协调发展。

总之，在素质教育理念深入人心、新课程改革深入实施的大形势下，高中语文教学一定要将课堂教学的创新作为基本途径，以提升学生的发散思维能力与创新能力为目标，深化教学改革，坚持不懈，最大限度地激发学生的创新潜能，为学生更加长远的发展打下基础，为将来把学生培养成合格的国家建设者和接班人而不懈奋斗。

参考文献：

[1] 石姝蓉．高中语文教学中学生创新思维的培养［J］．语文学刊，2012（20）．

[2] 梁亚梅．关于对高中语文新课程体系的创新研究［J］．新课程（教研版），2013．

[3] 吴瑕．新课程背景下高中语文教学的创新策略［J］．文理导航（教育研究与实践），2015．

[4] 刘富珍．小学语文教学中学生创新能力培养研究［D］．云南师范大学，2014．

[5] 苏峰．高中生物教学中学生创新能力的培养对策［D］．华中师范大学，2008．

怎样成为一名好教师

习近平总书记在第三十个教师节之际曾说："一个人遇到好老师是人生的幸运，一个学校拥有好老师是学校的光荣，一个民族源源不断涌现出一批又一批好老师则是民族的希望。"总书记提出了一个好教师的标准：第一，做好老师，要有理想信念；第二，做好老师，要有道德情操；第三，做好老师，要有扎实学识；第四，做好老师，要有仁爱之心。总书记说："好老师不是天生的，而是在教学管理实践中、在教育改革发展中锻炼成长起来的。"

我们怎样成为一名好教师？我在近二十年的教学中不断学习、探索、反思、总结，有了些许的感悟，有了自己的思想。在此与大家分享，也许，有些东西不够成熟，但，我也鼓足勇气，拿来与大家分享交流，希望通过分享交流，能碰撞出别样的火花，若在座的各位能有一点收获与启示，我将感到无比欣慰。现在与大家分享交流一下！

今天，我主要讲三点：一、他人的经验之谈；二、自己的思想理念；三、现场交流。

一、他人的经验之谈

今年的五月，我赴深圳参加骨干教师培训，距今也只有几个月。在深圳培训历时一个月，平时工作忙，很少出去培训，能有这次机会，我很珍惜。在这次培训中，我认真学习，听专家讲座，走进课堂，学习深圳特区优秀学校的管理等。他们的有些做法很好，有些理念很前卫，很值得学习，我想借此机会分享给大家。

（一）听专家讲座

这一个月，我共听了四场专家讲座：胡野秋的《中国梦中国教育》、曾立奇的《今天我们怎样做老师》、马欣川的《阳光心态塑造与压力调适》、王水发的《关于"好教师"的对话与思考》。印象最深刻的，是王水发博士的《关于"好教师"的对话与思考》。他向我们讲解了教师的标准，即理想信念、道德情操、扎实学识、仁爱之心；作为老师要积极作为，教人做人，信任学生，成为榜样，适度惩罚，懂得课程设计，教给学生一生有用的技能，每年阅读名著十二本，每周看两部经典电影，观看戏剧、话剧等，要求老师要有课程意识，也要懂得开发课程。给学生提供机会，如春游等，激发学生兴趣，体验生活，让孩子去思考，去感悟。一堂好课不是在教师的讲中学，而是在学生的做中学，提倡快乐课堂，为生活而学，不为考试而学。艺术教育提倡戏剧编排、演出，学习流行歌曲、学习乐器等。

王水发博士还向我们讲解了一名"好教师"的三项基本功，师生关系好、课堂教学好、专业发展好。

1. 师生关系好

《学记》上说："亲其师、信其道。"教师要善待学生：理解、关心、尊重、信任、欣赏、依靠每一个学生。要想改变一个孩子就要从不信任到信任开始。要建设"相互关心、欣赏信任"的学校文化；建立一种关心关系；发展一种关心能力。领导、教师、学生、家长也要"四欣赏"，一个家长就是一个媒体，就是一个广播，所以更要欣赏家长。

2. 课堂教学好

对于语文学科，课堂即是"阅读和说出来"，一堂好课堂，是要让学生学进去，讲出来，写下来。好课堂要体现四种学习效果：参与度—自主学习的程度—合作学习的效果—探究学习的深度；满足学生五个基本需求：参与、分享、受表扬、互动、创造；落实六种课堂学习活动：个体自学、实践研学、网络拓学、互动展学、同伴助学、教师导学；体现七个课堂文化元素：学科味道、公平关爱、富于激励、以学为本、因材施教、相互信赖、网络应用。

3. 专业发展好

教师不但是传道授业解惑者，更应是研究者，研究教学问题，让研究成为生活常态，多做小课题，做好校本教研、校本科研。

（二）走进课堂

在深圳培训的一个月，我坚持走进课堂，学习教法、总结经验，把每一个语文老师的课都听完，听课达五十多节，认真比对自己的教学理念，写好评价与收获点。

教师方面：张涛老师的课，教法新颖，重难点突出，少讲多做；林宇平老师的课，高效有法，注重落实；周莉老师的课，注重拓展延伸，以探究为主；盛中华老师的课，深刻独到，在她轻声细语的教学语言下，学生的思维却如翻滚的波涛，活跃着。在这里就不一一举例了，总之，老师们的教法、团结、有序、谦逊、敬业、待人等都让我肃然起敬，他们不愧是深圳特区华中师范大学附属中学的老师。学生方面：本杰明·富兰克林曾提倡，人要养成十三条好习惯：（1）节制。食不过饱，饮酒不醉；（2）慎言。言则于人于己有益，不作无益闲聊；

（3）生活有秩序。各样东西放在一定地方，各项日常事务应有一定的处理时间；（4）决断。事情当做必做，既做则坚持到底；（5）俭朴。花钱须于人于己有益，即不浪费；（6）勤劳。不浪费时间，不去关注那些无聊的言论，每时每刻做有用之事，戒除一切不必要的行动；（7）诚恳。不欺骗人，思想纯洁公正，说话也应诚实；（8）正直。不做不利他人之事，切勿忘记履行对人有益的义务而伤害他人；（9）中庸。勿走极端，受到应有的处罚，应当加以容忍；（10）清洁。身体、衣服和住所应力求清洁；（11）宁静。勿因琐事或普通而不可避免的事件而烦恼；（12）节欲。做事有度，勿伤害身体或有损自己或他人的安宁或名誉；（13）谦虚。谦逊，不要傲慢。这十三条好习惯，我每教一届学生，我都会抄给学生，并做详细讲解，但许多学生听了都不去很好地执行。

他们的学生，我一眼看去，秩序和整洁就做得相当不错，课桌上的书都用两片书架夹着，试卷资料都装入资料袋挂在桌旁，寝室里的鞋、行李箱、杯子、帕子等都摆放整齐，秩序整洁。我就把他们的这些习惯拍下来，展示给我们的学生看，学生们才深受感染，现在的高三（9）班、高三（22）班，好多学生的课桌上也摆放了两片书架，桌旁也挂上了资料袋，秩序整洁。

二、自己的思想理念

（一）拟定励志口号

拟定励志口号，提升学生精气神，形成班级文化。课前让学生大声喊出自己的励志语，我教的班级高三（9）班励志语：吾志所向，无往不前；高三（12）班励志语：戮力拼搏，奋然前行；高三（22）班励志语：勤奋拼搏，超越自我。这些励志语学生喊得铿锵有力，热血沸腾，不但学生有精、气、神，连我自己也激情满怀。课堂上，学生回答问题，我从来不走到学生跟前，需要学生的声音提高一个八度回答问题，并用普通话，让离他很远的我以及学生听见方可。长此以往，学生能大声地流畅地说话，很有自信。

（二）有效利用课前三分钟

预备铃响起后，还有三分钟，才可上课，如果我们有效利用课前三分钟，可以收到意想不到的效果。所以，课前三分钟预备铃不是可有可无的"装饰品"，而是一堂课的有机组成部分。课前三分钟预备，包括老师的预备和学生的预备。老师可以调动学生情绪，引发学生对新知识的兴趣，如安排学生朗读，看新闻时事，练字，讲成语故事等。三分钟看似很短，可是，如果拿来做自己觉得有意义的事，你会觉得三分钟很长，感受到三分钟的乐趣与价值。

课前三分钟，可以调节学生的心理环境，改变传统教学的沉闷死板，给学生以新意，激发学生的学习热情，增添课堂教学的趣味性、生动性，有利于学生很好地进入学习状态。

现如今，学生们正以好奇的眼睛，鲜活的头脑观察着、思考着这个世界，学生拥有充沛的精力和无穷的兴趣，老师利用好课前三分钟，增长学生知识，陶冶学生情操，提升学生能力，长此以往，学生有了收获，有了感悟，感受到了文化课外的精彩，无须老师去强调，精、气、神自然提升，精、气、神会像一股热流滚滚流淌，老师想去掩盖也盖不住了。我教学的高三（9）、（12）、（22）班，预备铃响起后，学生们就精彩无限，作为老师的我，看到这样的情景，也收获着满满的幸福，热血澎湃。因此，老师特别是语文老师要有效利用课前三分钟。

（三）惩罚教育

什么叫惩罚呢？惩罚是指实施处罚使犯错误的学生身心感觉痛苦，但不以损害受罚学生身心健康为原则的处罚方式。惩罚是一种权力而非权利，是教师用于惩处违反学校学习生活规范的学生的权力。因此，我认为惩罚是一种教育手段，是学生接受另外方式的教育。所以，惩罚绝不等于体罚，更不是伤害，不是心理虐待、歧视，打击学生自信心。所以，我认为教育惩罚既是教师管理的需要，也是学生自身发展的需要。我教学了多少年，我就惩罚了学生多少年，并且一直严格执行，这也得益于辽宁师范大学教育学院院长傅维利教授说的一句话："没有惩罚的教育是不完整的教育。"我信守这句话，我也践行这句话。但惩罚教育具体需注意以下两点。

1. 用爱惩罚

在这些年的教学中，我在惩罚学生，学生也给了我太多的感动，曾经有三次感动，让我记忆犹新。一次是 1999 年，因工作需要，我从六龙中心小学调入六龙中学，我所任教班级的学生们哭了；一次是 2008 年，我从六龙中学考调大方一中，我的学生们哭了；一次是 2009 年，在大方一中，我任教语文的高二（17）班，因学校新进教师，学校要求上三个班的教师让出一个班给新教师任教，学校就调出了我任教的高二（17）班，学生们得知后，在最后一个晚自习上，哭了，有学生还为我写了诗，在班上哭着为我读完。

学生们的伤心、真诚、依恋让我感动。也因为这样的感动，坚信了我教育的正确与成功；也因为这样的感动，让我感受到了当老师的幸福与快乐。

一个班集体五六十人，不可能人人的智商、人人的自觉性都一样，要允许一小部分学生滞后，滞后了不能放任自流，要用惩罚的方式让滞后生奋起直追。

用爱去惩罚，让学生感受到教师对他的关心和温暖。例如，惩罚的方式让学生自己选，惩罚的时间让学生自己定，惩罚不能大张旗鼓，让其他班级的学生、其他教师知道，惩罚是自己亲亲的学生与学生亲亲的老师之间的事，要秘密，要信任，要保护学生颜面，保护学生的自尊。要考虑学生的承受力，不要让学生难堪。总之，惩罚需要用爱，要扬善于公堂，规避于私舍。这样，学生会感激老师，会喜欢老师，学生喜欢上老师，老师还愁学生不认真学习自己任教的学科吗？

2. 用爱化解

惩罚学生必须经过四个过程：定纪律、给机会、抓典型、重抚慰。老师惩罚学生要依照纪律规定办事，老师要给足学生机会，给了机会都还不悔改的，老师要抓典型，"杀鸡给猴看"。"被杀"的学生，老师要用爱化解学生心中的疙瘩，抚平学生心中的伤痛，重抚慰。

记得2012年，我的一个晚自习时，外面下着倾盆大雨，高二（5）班有一个学生玩起了手机，我没收了学生的手机，我从窗户把手机扔向了窗外，在我扔时，学生说："别扔，老师！我那是诺基亚。"我说："让它成为落汤鸡吧！"最后，手机还是从二楼飞到了楼下的草坪上。下晚自习后，我看见玩手机的学生拼命跑下楼去找他的手机。当然，学生回到教室时已经湿透了，手机也坏了！我走到学生身边，说："恨老师吧，我很心痛！"学生一言不发。我接着说："你让老师很难堪，让老师下不来台，你逼着老师扔掉你的手机，现在你淋湿了，手机坏了，老师的心里也为你难受，但究竟我们谁错了？"学生开始抬头看着我。我接着说："一上课，我就定了纪律，如果谁玩手机，我就要把它扔到窗外，我对事不对人，老师一言既出，驷马难追，要信守自己说过的话，可你为什么要来挑战老师？再说，你玩手机时，老师给了你三次机会，打了三次招呼，打一次招呼，你收起来一次，要是你一开始拿出手机，老师就不问青红皂白把手机扔到窗外，老师就不配为人师。俗话说，事不过三。你欺负了老师，老师当着全班同学下不了台，你超越了老师的底线，你触碰了老师的原则，你伤害了老师的心。老师不得已为之，我们谁错呀？"

我这样引导着学生，学生说话了："我错了。"

这就是说，老师要捕捉教育的时机，让学生对自己的过失有足够的认识，让学生去承担错误引发的后果，让学生更好地成长。

我顺势幽默地说："我们师生一场，也总得留下些什么作为以后回忆的材料嘛！"全班学生笑了，笑声打破了沉寂的气氛。我说："不过，你放心，以后我们班谁玩手机，惩罚都和你一样，公平公正嘛！我们对事不对人。"以至后来，我们班在上课时，基本上没有人敢拿出手机来玩。

解开了学生心中的疙瘩，抚平了学生的伤痕，这位学生没有对老师有成见，反而乐观、上进，语文成绩进步了二十多分。如果老师惩罚了学生，不用爱，不用心去化解学生心中的疙瘩，大家想想，后果会怎样？最起码学生不再喜欢你及你任教的学科。那么老师又怎能教出成绩？

中国青少年研究中心副主任孙云晓也认为："没有惩罚的教育是不负责任的教育，是一种虚弱的教育，脆弱的教育。"那么，就让我们用爱惩罚，用心化解，让学生体会到老师对他真正的关心，真正的爱，让学生乐意受罚、主动受罚。让我们用爱惩罚，用心化解，给学生一片晴朗的心情，一个明媚的春天；也给自己一份真切的感动，一份厚重的幸福。

（四）精细化管理

学生有优秀的学习成绩，老师要有深厚的文化底蕴，要有丰富的理论知识，要有扎实的基本功，这些是作为一位老师根本的条件，除此之外，教学要成功最主要还在于老师精细化的管理。

新课改提出了要关注每一位学生。要做到这一点，是需要老师动脑筋、花心思的。

在我的教学中，我把一个班分成了十多个学习小组，这些小组的学习任务和学习情况都由课代表安排管理，一个小组中，也由一个人负责三个人的学习任务检查，每天小组长向课代表反映，课代表向老师反映，环环相扣，关注每一个，不漏一个。在这些年的教学中，我记录下了许多本学生们学习的情况：哪位学生哪天未完成作业；哪位学生哪天欠哪一道试题；哪位学生哪天已补做了试题；哪位学生哪天拖欠了多久的作业；哪位学生哪天未来上课；等等。我都记录得清清楚楚，明明白白。掌握学生学习的态度、情况，关注每一个学生，做到精细化管理，老师不愁成绩。

让我们做一名好教师与时俱进，适应教育工作新常态，为开创教育教学新局面而努力。在此姑妄言之，权当抛砖引玉，若有不妥之处，请各位同仁多提宝贵的意见或建议。

结语：现场交流

1. 请各位同仁提出宝贵的意见或建议。

2. 各位同仁提出教学中出现的难于解决的问题，大家交流讨论解决。

（注：本文是笔者应大方县教育局之邀而进行的县级二级培训稿，于 2016 年 6 月获贵州省论文评比二等奖）

解读 2016 年语文高考考纲

暨分析 2016 年高考命题趋势

第一部分：两年高考试卷分析及 2016 年考纲解读

仔细研读《 2016 年普通高等学校招生全国统一考试大纲》后，我们发现，2016 年高考《考试说明》与 2015 年相比，考试性质、考试内容（"考核目标与要求""考试范围与要求"）、考试形式及试卷结构、背诵篇目等均与 2015 年一致。因此，研读近两年来命题特点，探究命题规律，会有助于科学备考。综观近两年新课标高考语文试卷，试卷结构、命题的内容范围基本稳定，只是微调了题型示例，主要体现在实用类文本阅读的选材和部分题型变化。这体现出语文学科侧重阅读和表达的特点。

2016 年的考纲与 2015 年的考纲从考试性质到题型的示例并没有什么明显的变化，充分体现了课标全国卷在逐步铺开使用的过程中命题要相对稳定、稳中求变的原则，考纲为备考提供了明确的依据。

虽然考纲的内容基本不变，但我们仍然能够通过题型示例的微调，通过研究近几年的考试，对今年高考的命题趋势进行一些分析。

2015 年与 2016 年考纲比较：

相同点：2015 年《考试说明》中，考试性质、考试内容（"考核目标与要求""考试范围与要求"）、考试形式及试卷结构、背诵篇目均一致，无变化。

一般论述类文学阅读：

侧重社科文，四选一客观题型，兼顾主观题

考点依然是理解、分析和综合两个层级，2011 年考查《诗经》选段，2012年考的是一篇关于科技黑箱的科技论文，2013 年选文来自社科文《老子》，2014 年选的是与食品安全有关的文章，2015 年选文来自《艺术是什么》属于文化类论文。从命题趋势看，选材上侧重于文学艺术、历史和文化教育等社会学科领域。命题方式上连续三年设置了三道"四选一"的客观题。考点设置上侧重考查语言信息的理解、筛选、分析综合能力。要求考生能读懂文章，理解和整合与题目有关的语言信息，尤其注重对文本的基本阅读能力的考查。

2016 年应该和去年保持一致，有的省市模拟卷第三题考查的形式是主观题，有可能在未来成为考查的常规题型，可适当引导学生做练习。

不能无视自然科学类论文的存在，高考命题一向是稳中有变，具有循环性，近几年的命题几乎是交替出现，因此，也应该让考生进行一定量的自然科学类文学的阅读训练，以备不测之需。

文言文阅读：

掌握两种形式的断句体型

重视"内容解说"（文化常识）题型

依据考纲，实词的解释仍然是考查的重点。但 2015 年的高考未设实词专题考查，推测以后将会与虚词、文言句式及其词类活用等文言基础知识一样，在翻译题及推断题中体现。因此，实词复习在备考中，注重知识积累、注重推断能力的培养，是准确解题的基础。

选文从近几年的考试看，基本稳定在传记类文章，选文从前几年多出自《史记》《资治通鉴》《宋史》《明史》等古代史传典籍， 内容呈现的大多是一些刚正、果断、清廉、节俭、仁爱、宽厚的正面形象，能够对考生产生有益影响，有助于树立良好的人生观、价值观、道德观，以凸显传播民族文化中的正能量。今年的命题也应该沿袭这一思路。

总之，在文言文阅读备考中，教师需注意两个地方，第一，2015 年延续了2014 年文言文断句的考查，2016 年应该还会继续，形式或许会分两种，一是对原语段中的句子进行断句；二是另选一个语段进行断句。后者在一些省市的模拟题中已出现过。第二，2015 年新增了"内容解说"的题型，从《考试说明》的"题型示例"来看，本题型侧重考查学生相关的一些古代文化常识，和以前考试中文学文化常识的考查不尽相同。因此，本题型会是未来考试中常考的题型，应在复习时引起重视。

例如：2015 年高考题

5. 下列对文中加点词语的相关内容的解说，不正确的一项是（C）（3 分）

A. 古代男子有名有字，名是出生后不久父亲起的，字是二十岁举行冠礼后才起的。

B. 谥号是古代帝王、大臣等死后，据其生平事迹评定的称号，如武帝、哀帝、炀帝。

C. 嗣位指继承君位，我国封建王朝通常实行长子继承制，君位由最年长的儿子继承。应为"嫡长子继承制"。

D. 阙是宫门两侧的高台，又可借指宫廷，"诣阙"既可指赴朝廷，又可指赴京都。

古诗鉴赏：

关注命题规律

关注比较阅读

例如：

（2014年新课标卷2）

阅读下面两首诗，完成8～9题。

含山店梦觉作

［唐］韦庄

曾为流离惯别家，等闲挥袂客天涯。

灯前一觉江南梦，惆怅起来山月斜。

宿渔家

［宋］郭震

几代生涯傍海涯，两三间屋盖芦花。

灯前笑说归来夜，明月随船送到家。

8．韦庄在诗中是用什么方法表现感情的？请简要分析。（5分）

9．两首诗都写到"灯前"，这两处"灯前"各自表达了诗人什么样的感情？（6分）

（2015年新课标卷2）

阅读下面这首唐诗，完成8～9题。

残春旅舍

韩偓①

旅舍残春宿雨晴，恍然心地忆咸京②。

树头蜂抱花须落，池面鱼吹柳絮行。

禅伏诗魔归净域，酒冲愁阵出奇兵。

两梁免被尘埃污③，拂拭朝簪待眼明④。

［注］①韩偓（约842～923）：字致尧，京兆万年（今陕西西安）人，这首诗是作者流徙闽地时所作。②咸京：这里侑指都城长安。③梁：官帽上的横脊，古代以梁的多少区分官阶。④朝簪：朝廷官员的冠饰。

8．古人认为这首诗的额联"乃晚唐巧句"，请指出这一联巧在哪里，并简要赏析。（5分）

9．这首诗的后两联表达了作者什么样的感情？请简要分析。（6分）

（2013年新课标卷2）

• 阅读下面两首诗，完成8～9题。

次韵雪后书事二首（其一）

朱熹

惆怅江头几树梅，杖藜行绕去还来。

前时雪压无寻处，昨夜月明依旧开。

折寄遥怜人似玉，相思应恨劫成灰。

沉吟日落寒鸦起，却望柴荆独自回。

8. 这首咏梅诗中，作者是用什么手法来表现梅花的？请简要分析。（5分）

9. 诗的最后一联表达了作者什么样的心情？请简要分析。（6分）

（2012年新课标卷2）

· 阅读下面这首宋词，完成（1）、（2）题。

思远人

晏几道

红叶黄花秋意晚，千里念行客。飞云过尽，归鸿无信，何处寄书得。 泪弹不尽临窗滴，就砚旋研墨。渐写到别来，此情深处，红笺为无色。

（1）这首词表达了什么样的感情？"红叶黄花秋意晚"一句对表达这种感情有什么作用？

（2）"就砚旋研墨"与"临窗滴"有什么关系？"红笺为无色"的原因是什么？请简要分析。

综观这几年的诗歌鉴赏题，均考查古典诗歌，选材名家和非名家并重。单篇阅读、比较阅读均有，灵活多样。考点基本上围绕"写什么"（内容）和"怎样写"（手法）"写得怎样（效果）三个方面展开。考查的重点是鉴赏与评价。无论提问的方式怎么变，题目实质都不会超出形象、语言和表达技巧、思想情感这几项内容，阅读材料则偏重在词、律诗和绝句这几类形式的选择上。尽管2015年考纲和题型示例在这方面没有变化，但我们从2014年的试题中还是看到了变化的迹象，那就是比较阅读出现的可能性，2012年—2015年，出现一次比较阅读，说明古诗词鉴赏考查的主流仍然是单首形式。在考点上应该是以比较典型的手法运用为主，注重探究诗歌作品蕴含的情感态度。所以在备考中，应有针对性地进行复习，培养古代诗歌阅读的自觉意识。

名句默写：

情境默写兼顾句子填空

考纲示例：

韩愈在《师说》中说："从师与年纪无关，比自己年纪大的人，闻道在自己之先，要以之为师；而"生乎吾后，其闻道也亦先乎吾，吾从而师之。"

例如：

2015年高考题

10．补写出下列句子中的空缺部分。（6分）

（1）《庄子·逍遥游》指出"＿＿＿，＿＿＿"就像倒在堂舱地的一杯水，无法浮起一个杯子一样。

（2）白居易《琵琶行》中"＿＿＿，＿＿＿"两句，写的是演奏正式开始之前的准备过程。

（3）杜牧《赤壁》中"＿＿＿，＿＿＿"两句，设想了赤壁之战双方胜败易位后将导致的结局。

【答案】（1）且夫水之积也不厚，则其负大舟也无力。（2）转轴拨弦三两声，未成曲调先有情。（3）东风不与周郎便，铜雀春深锁二乔。

2014年高考题

10．补写出下列句子中的空缺部分。（6分）

（1）《庄子·逍遥游》中以"朝菌"和"蟪蛄"为例来说明"小年"一词的两句是"＿＿＿＿＿＿＿＿，＿＿＿＿＿＿＿＿"。

（2）李白《行路难（金樽清酒斗十千）》一诗经过大段的反复回旋，最后境界顿开，用"＿＿＿＿＿＿＿＿，＿＿＿＿＿＿＿＿"两句表达了诗人的乐观和自信。

（3）在《赤壁赋》中，苏轼用"＿＿＿＿＿＿＿＿，＿＿＿＿＿＿＿＿"两句概括了曹操的军队在攻破荆州后顺流而下的军容之盛。

【答案】（1）朝菌不知晦朔 蟪蛄不知春秋。（2）长风破浪会有时 直挂云帆济沧海。（3）舳舻千里 旌旗蔽空。

名句名篇的默写，考纲明确规定了共64篇文言诗文背诵推荐篇目，从地方卷到全国卷，该题少有超纲现象，所以反复滚动，熟记会写64篇古诗文，是这一部分备考复习的宗旨。考查的范围稳定，共64篇。2014年的默写与往年略有不同，题目由"补写出下列名篇名句中的空缺部分"改为"补写出下列句子中的空缺部分"，给出了一定的语境，考生须根据语境要求补写。2015年延续了这一形式，2016年应该还会继续，至少会保留。

选考题

➤ 文学类文本阅读——小说阅读

➤ 实用类文本阅读——人物传记

相 关 链 接

新 闻 材 料

文学类文本阅读：

考查内容是包含小说、散文、诗歌、戏剧在内的中外文学作品阅读与鉴赏，从近几年的命题情况看，课标全国卷仍将以小说为首选，而且选文侧重在中国小说。考点设置上既注意文学作品的主要特点，又注意文学作品的一般特点和要求，因此，对文本本身的阅读理解显得至关重要。前几年，小说阅读侧重考查学生的鉴赏能力，2014 年，小说阅读侧重考查对文段的分析概括能力。另外，近几年也有散文阅读的考题，考查作品出现"陌生化"现象，以及难度加大。从考纲题例看，涉及的都是小说，因此，2016 年文学作品阅读的侧重点仍然是小说，复习过程中应全面夯实基础，训练题设置应适当增加难度和深度，培养学生的"深阅读"能力。

实用类文本阅读：

阅读评价中外实用类文本，包括传记、新闻、报告、科普文章等文体的阅读与评价。近几年，高考的实用类文本阅读都是考查人物传记阅读。从 2013 年开始，本题型有了两方面变化，一是以"相关链接"的方式使用非连续性文本；二是适当增加了题目本身的难度系数，这应该是一个信号，2015、2016 年的《考试说明》中，"题型示例"部分新增了新闻类文章，取消了五选二的题型，代以 4 个主观题的形式，在复习中要引起重视，我们可以把相关链接的命题形式视为一种过渡，而传记阅读一统天下的格局是否会发生改变？不管怎样，复习中加以兼顾是没有坏处的。至少，2016 年的高考应该是 2015 年命题思路的继续。

考纲题例

（1）阅读材料一和材料二，两家媒体对发布"第十一次全国国民阅读调查"一事都作了报道，概括说明他们各自传递的重要信息有哪些异同。

（2）比较材料一和材料二，简要说明新华社记者与《中华读书报》记者报道的侧重点有哪些不同。

（3）根据材料三，谈谈作者认为"浅阅读"有哪些表现与危害。

（4）材料四对"指责浅阅读"一事提出异议，它与材料三在观点上的根本分歧是什么？你又是怎样看待浅阅读的？

关于相关链接

例如：2015 年高考题

（4）作为著名的抗日爱国将领，戴安澜不仅深受国人爱戴，甚至连敌人也不得不佩服， 其中必有内在原因。请结合材料具体分析。（8分）

· 答案：①超越党派立意，献身正义事业，血酬壮志，精忠报国；②为人平和不求功名，临危不惧，胸怀坦荡；③关心家人，情真意切，侠骨柔肠，勇于担当；④身为军人，熟读文史，精通琴棋书画，兼具文韬武略，治军有方，视死如归。

相关链接原文：

①人我之际要看得平，平则不忮；功名之际要看得淡，淡则不求；生死之际要看得破，破则不惧。人能不忮不求不惧，则无往而非乐境，而生气盎然矣。（戴安澜赠部属 各官长题词）

②军人一般以彪悍为荣，但是戴安澜与众不同，他多才多艺，熟读文史，精通琴棋 书画，如果不是因为战乱和外敌入侵，他很有可能成为一位儒雅名士，但国家危难却把 他的命运引上另外一条路。（戴复东等《我们的父亲戴安澜》）

结论：是探究题答题的重要依据。

相关链接原文：

②我自幼被外祖母严氏收养。她教我劳动，晓我勤俭，并以民族英雄岳飞、戚继光、林则徐等人的事迹勉励我；教我做人要坚贞不屈、清正廉洁、光明磊落，这一切促使我从小就立志为中华民族的强盛奋斗终生。（摘自《中国科学院院士自述·邓叔群》）

语言知识运用：

· 关注成语考查的变化。
· 关注旧题型与创新题。
· 语言综合运用。
· 综合考查，稳中显变。

最能体现试卷变化的应该是语言文字运用中的主观表达题。一是因为涉及的考点内容较多：拓展、压缩语句，选用、仿用、变换句式，正确运用常见的修辞，语言表达简明、连贯、得体、准确、鲜明、生动，重点考查语言综合运用能力；二是因为题型灵活多变，而且可以产生新题型，因此，在备考时，要尽量扩大训练面，让考生接触各种类型的语言表达题，能够应对有可能出现的与往年不同的语综题。

语言文字运用题

变化与创新：

2015 年的考试大纲，在语言知识运用方面也没有明显变化，连读至 2012 年的命题内容表明：在语言文字运用这一部分的考查中，比较稳定的是三个选择题，考查成语运用、病句辨析、语言衔接三项内容，而字音、字形、标点等内容则体现在主观表述题和作文考查中。由此看来，2016 年的备考似乎仍然可以集中突破这几项重点，注重成语积累，拓宽训练视野，提高解题的准确率。

这一板块有两点需注意：一是 2014 年开始的成语题考查的变化，1、2 卷都是以在具体语境中填写恰当成语的形式命题，更注重在具体语境中成语的辨析和运用；二是 2015 年高考卷的第 15 题，衔接题型的变化。

例如：

2014 年高考真题：15. 依次填入下面一段文字横线处的语句，衔接最恰当的一组是（　　）。（3 分）

马是中国人喜爱的动物，是人类最早驯养的家畜之一，是极其温顺又充满野性魅力的动物。＿＿＿＿，＿＿＿＿，＿＿＿＿，＿＿＿＿，＿＿＿＿，＿＿＿＿，马已经成为力量与神奇的代表。

①还让人们有了敬马王、打马球、赛马等习俗

②对人们生活的各个方面都产生了重大影响

③它帮人们种地运货，和人们一起南征北战

④作为六畜之首

⑤马是人类的朋友和伴侣

⑥千里马、老马识途等故事也十分深入人心

A. ③②④①⑤⑥　B. ③⑥①④⑤②

C. ⑤③②⑥①④　D. ⑤④②③①⑥

2015 年的高考真题：15. 填入下面一段文字横线处的语句，最恰当的一句是（　　）。（3 分）（A）

随着雾霾频发，油品质量对环境的影响引起了人们越来越多的关注. 有测试表明，一些城市空气中 PM2.5 的 20% 左右来自机动车尾气，而只要使用符合新标准的汽油和柴油，＿＿＿＿＿＿。有鉴于此，我国将加快推进成品油质量升级国家专项行动。

A. 即使现有汽车不作任何改造，其尾气中相关污染物的排放也能减少 10%

B. 汽车尾气中相关污染物的排放就可减少 10%，现有汽车的改造并不是必需的

C. 再加上对现有汽车进行改造，其尾气中相关污染物的排放就将减少 10%

以上

D. 不管是否改造现有汽车，其尾气中的相关污染物排放都将减少 10%

从 2012 年到 2015 年，课标卷在语综题部分分别考查了仿写、填写句子、图标说明等内容，2013 年之前，仿写的题型最为稳定，而语言表达衔接连贯的填写句子考查，课标卷保持了 5 年，2013—015 年，图文转换代替了仿写，连续出现了 3 年，这一类题型或许会作为以后语文试卷的常态题目。

但是，我们也要注意到"稳中有变"在此处的显现。因此，对 2016 年的语用题，可以做一个不太成熟的推断：

体现稳定，则保留衔接、图文转换；体现稳定中有变，则可能出现其他前几年未出现的命题形式，配合地方卷有可能调整，也许会出现侧重在写作能力方面的题型，比如微信、图标（表）介绍或描述等，当然也有可能在命题中体现对传统文化的继承，比如涉及对联、传统节日、节气等内容的题目。

考纲题例

请按情况要求完成下列各题。

高中即将毕业，你班欲组织毕业晚会活动。

（1）班委会征集晚会主题词，要求是简洁、形象的一句话或一个短语。请你设计一则主题词。

（2）根据节目表，合唱《让我们荡起双桨》之后是舞蹈《友谊地久天长》，请你为联结这两个节目写几句串词。

2016 年的语用题：从《考试说明》的"题型示例"来看，本板块的考查比以往更侧重贴近实际生活，强调知识的运用，除传统的扩写补写纠错等形式外，还出现晚会主题词设计、串台词、短文开头、得体的对话等，示例中还有虚词的填写，因此，简短的开场白写作，通知、邀请函等应用文中的语言改错，图文转换等题型将是考查的重点内容。

写作：

强调基本功

☐ 寓言类材料

☐ 时事评论类材料

☐ 图画

考试的要求依然是分为基础等级和发展等级。从题型示例看，写作的命题形式是材料作文，在内容的选择上也紧密地联系现实生活，近几年的作文命题都体现了紧扣时代热点，不生僻、不怪异，使学生有事可叙，有情可抒，有理可论，让学生在同样的起跑线上起跑，区别则在于跑步过程中的速度和姿态。近几年，作文更加注重让考生对材料进行多角度解读，在立意上达成重要角度乃至核心角度，并在立足于材料的基础上恰当地联系到当代社会生活，做到言之有据、言之成理。因此，作文训练要重视审题和文体训练，适当注意图画作文的写作训练。2016 年作文考查应该注重两个方向，一是寓言类材料；二是时事评论类的材料。后者更能体现学生对社会现象的关注，进而促使其提出见解。

于是在作文备考中，大到审题立意、素材语言；小到标题、开头过渡、结尾，都应该是我们复习训练的重点。同时，又要引导学生关注现实，关注社会热点，高考的作文命题一般不会直接提及热点，但却会以比较委婉的方式点击热点，因为所谓的热点，往往会折射出人们的道德意识、价值观念、人情冷暖等方面的问题，所以，相关的素材积累应该是写作训练中的重要环节之一。

例如：

2015 年新课标 2 卷作文题

18. 阅读下面的材料，根据要求写一篇不少于 800 字的文章。（60 分）

当代风采人物评选活动已产生最后三名候选人：大李，笃学敏思，矢志创新，为破解生命科学之谜作出重大贡献，率领团队一举跻身国际学术最前沿。老王，爱岗敬业，练就一手绝活，变普通技术为完美艺术，走出一条从职高生到焊接大师的"大国工匠" 之路。小刘，酷爱摄影，跋山涉水捕捉世间美景，他的博客赢得网友一片赞叹："你带我们品味大千世界，你帮我们留住美丽乡愁。"

这三人中，你认为谁更具风采？请综合材料内容及含意作文，体现你的思考、权衡与选择。

要求选好角度，确定立意，明确文体，自拟标题；不要套作，不得抄袭。

这是一则材料作文，从三名当代风采人物候选人中选出一名"更具风采"的人物，写文章"体现你的思考、权衡与选择"。内容贴近当前社会现实，也比较能体现当代青年学生关于理想和志向的思考。所给材料的文字简明清晰，没太多干扰信息，写作时注意选择其中的一个人物，要分析他的特征，如"大李"应该重点突出"学术"，"老王"应突出"普通技术为完美艺术"，"小刘"应突出"个人爱好"，这是这则材料的难度所在，写作时紧紧围绕人物的特征行文。

一、主讲内容总结：

1.2015 年考纲特点。

2.2015 年命题情况。

3.2016 年命题预测。

2015 年考纲特点：

主体不变，题例微调。

新变化——文言文阅读考查断句代替信息筛选。

背诵默写情景填空与补全名句皆有。

新增加——文言文内容解说，专考文化常识，注重传统文化。

实用类新闻文本，取消五选二，代之主观题。

2015 年命题情况：

稳中有变，难易适中，追求创新。

变化有四：第一，文言实词未设题考查。第二，诗歌鉴赏未出现比较阅读。第三，文言文出现内容解说题。第四，第15题的排序以选一项为主。

2016 年命题预测：

一、根据高考命题延续性、稳定性原则，断句、内容解说（文化常识）、名句情境默写、小说阅读、成语辨析、15 题的衔接题（以选一项的方式）等内容会延续。

二、根据稳中求变原则，追求一定的创新，考纲题例显示的实用类阅读新闻文本阅读或许会有体现。

三、语用题除图文转换外或许会从应用文体的写作和语言的交际运用方面命题。

四、写作应该仍然沿用新材料作文命题形式。

第二部分：因材施教

以毕节市第一次市联考成绩为例。比如，大方一中的第一次市联考，古文的文化常识得分率是 42%，在所有试题得分率中，此题处于倒数第一；病句得分率是 48%，在所有试题得分率中，此题处于倒数第二；诗歌赏析的得分率是 52%，在所有试题得分率中，此题处于倒数第三。因此，这三类试题，在以后就必须要加强训练，老师一定要注重因材施教。

第三部分：注重书写

实行网上评卷后，既可以炫美又能够显丑。这使得书写好的同学更能显出自己美丽漂亮的手迹，书写不佳者只好丢丑了。据统计，每20篇作文中就有1～2篇的字迹几乎无法辨认。字体太小、笔画太细、字迹太潦草，扫描到电脑上根本看不清，这又怎能取得好成绩呢？

书写美观的三个标准：

字体美观，书写流畅

横平竖直，态度认真

方正沉稳，不偏不倚

书写丑陋的五个现象：

字写得太小太挤，看不清

字太小，模糊

笔画没有节制，给人乱棒飞舞的感觉

乱涂乱改，满纸污点

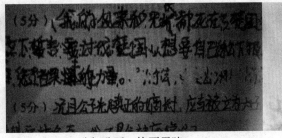

乱勾乱画，惨不忍睹

第四部分：各兄弟学校交流（自由发言）（略）

结束语：祝大家生活愉快！谢谢！

（注：本文是笔者在大方县 2016 届高考语文复习备考专题培训时的讲稿）

二、作文教学重在"格"

作文教学重在"格"

　　谈到"格",有人总是简单地理解为作文的模式,也就是得到公认的作文框架,这样理解,有些片面和单一。何谓"格"?这里的"格"主要是指作文的规范和要求,同时还包括高考作文的评价标准和评价思路。

　　"作文的规范"就是学生既要做到作文前心中有"格",写作时笔下也要有"格",即写出来的是一篇合乎作文规范、有板有眼的文章。这种"规范""板眼"表现在如下八个方面。第一,审题要准确,忌偏题离题;第二,立意要明确集中,最好能独到、新颖、深刻,忌含混分散、人云亦云;第三,文体要适当——适合题意,内容且适合自己,文体要规范,特征要分明,忌写成"四不像";第四,文题要亮丽夺目,同时又要和中心紧密相连,忌平庸倦目,更忌题不对文;第五,结构要严谨,思路要清晰,层次条理要分明,开头、中间、结尾的处理上尽量做到"凤头""猪肚""豹尾",忌思路结构混乱或不合逻辑;第六,感情要真挚,抒写自己的真情实感,忌矫揉造作,无病呻吟;第七,内容要充实,选材要恰当——典型充足且富有时代气息,忌空洞、堆砌材料;第八,语言运用要规范得体,文风要朴实,忌语病错别字、华而不实。一言以蔽之,写出来的文章既要言之有物——有思想有内容,又要言之有序——有思路有条理,手法语言运用得体。

　　当然,具体到不同的文体,要求又各有不同。记叙文要以记叙描写为主,抓"六要素"写作;议论文须以议论为主,抓"三要素"写作;说明文则以说明为主要表达方式,抓住事物的特征,安排合理的说明顺序,择用恰当的说明方法,运用平实准确的语言来进行写作;散文写作要彰显其"形散神聚"的文体特征;小说创作"三要素"要得到凸显;应用文体的写作必须体现其文体的格式和特征。

　　"作文要求"指的是每次作文时题干中所附带的显性隐性的写作要求,写作时这些要求必须满足,且一个都不能少。全国新课标卷高考作文评价始终贯彻一个原则——"为高校选拔人才,为中学语文教学服务"。本着这个原则,阅卷组制定了如下作文评分标准：

附：2017年全国新课标卷高考作文评分标准（细则）

一、关于作文的"分等评分"

（一）基础等级（40分）

基础等级分内容和表达两项，基础等级的评分，以题意、内容、语言、文体为重点，全面衡量。

内容项（20分）的重点是题意、内容。对于内容要综合考虑，对于材料的把握虽然符合题意，但文章不好、中心基本明确、内容单薄、感情基本真实的，可以在三等上打分。

考生的考卷中所述论据的真实性要特别注意，如果是编造，或者有明显错误，或者不能佐证文章观点的，要适当扣分。

表达项（20分）的重点是作文的结构、语言、文体、卷面等，但也要综合考量。

1. 根据表达项的细则，在"内容"评等的基础上，除了在相应的等级上评分外，还可以考虑在上一等或下一等打分。

2. 在"内容"等级判分的基础上，表达项原则上不跨等给分，如内容判三等，表达不能在一等给分，只能在三等或二等或四等给分。

（二）发展等级（20分）

基础等级分要与发展等级分相匹配，发展等级分不能跨越基础等级的得分等级。

1. 发展等级分原则上随内容或表达的等次给分，如内容为二等，表达为三等，发展等级一般可在二等给分。

2. 发展等级一般不在内容或表达的下一等给分，如内容为一等，表达为二等，发展等级一般在一等或二等给分。

3. 发展等级在内容给分的基础上，一般不跨等给分，如内容为三等，"发展等级"不能在一等给分。

4. 内容为四等的，"发展等级"可以给1～2分；确为抄袭的，"发展等级"不给分。

发展等级评分，不求全面，可根据特征4项（16）点中若干突出点按等评分。

特征4项如下：

1. 深刻：①透过现象看本质；②揭示事物内在的因果关系；③观点具有启发作用。

2．丰富：①材料丰富；②论据充足；③形象丰满；④意境深远。

3．有文采：①用词贴切；②句式灵活；③善于运用修辞手法；④文句有表现力。

4．有创意：①见解新颖；②材料新鲜；③构思精巧；④推理想象有独到之处；⑤有个性特征。

二、关于作文的其他项评定

（一）扣分项评定

出现错别字，1个错别字扣1分，重复不计，扣完5分为止；标点符号出现3处以上错误的酌情扣分；不足字数者，每少50字扣1分；无标题扣2分。

（二）残篇评定

1．400字以上的文章，按评分标准评分，扣字数分。（少50个字扣1分）

2．400字以下的文章，20分以下评分，不再扣字数分。

3．200字以下的文章，10分以下评分，不再扣字数分。

4．只写一两句话的，给1分或2分，不评0分。

5．只写标题的，给1分或2分，不评0分。

6．完全空白的，评0分。

三、新课标卷作文等级评分标准（满分：60分）

		一 等 （20～16分）	二 等 （15～11分）	三 等 （10～6分）	四 等 （5～0分）
基础等级	内容 20分	符合题意 中心突出 内容充实 思想健康 感情真挚	符合题意 主题明确 内容较充实 思想健康 感情真实	基本符合题意 中心基本明确 内容单薄 思想基本健康 感情基本真实	偏离题意 中心不明确 内容不当 思想不健康 感情虚假
	表达 20分	符合文体要求 结构严谨 语言流畅 字迹工整	符合文体要求 结构完整 语言通顺 字迹清楚	基本符合文体要求 结构基本完整 语言基本通顺 字迹基本清楚	不符合文体要求 结构混乱 语言不通顺语病多 字迹潦草难辨
发展等级	特征 20分	深刻 丰富 有文采 有创意	较深刻 较丰富 较有文采 较有创意	略显深刻 略显丰富 略显文采 略显创意	个别语句有深意 个别例子较好 个别语句较精彩 个别地方有深意

解读评价标准，好文章应具备这样的共性：理解材料要准确，切入角度要恰当，立意要深，中心要明，感情要真，结构要严，语言要畅，要有创新。

此外，评分标准中还附有一项扣分说明，对此我们须予以足够的重视：

1. 未写题目扣 2 分；2. 错别字每错 1 个扣 1 分，扣完 5 分为止；3. 标点错误多，酌情扣分；4. 文面不整洁，酌情扣 1～2 分，文面整洁美观，酌情加 1～2 分。细节影响成败，不可掉以轻心。据笔者统计，约 80% 的考生在错别字一项中被扣去 1-2 分，今后的考生一定要引以为戒！

高考作文的评价标准和评分细则一般会根据当年作文题目做出相应的调整——往往大同小异，但作文评价的指导思想是相对恒定的。全国卷的高考作文评价思路可以归结为四个鼓励：鼓励学生抒真情、写实感；鼓励学生关注社会、关注生活，通过独立思考写出有思想深度的作文；鼓励百花齐放，各种文体、各类文风兼容，并在此前提下反对华而不实的文风；鼓励内容和形式的创新。全国卷高考作文评阅青睐点有五：思想、真我、朴实、规范、创新。

熟谙作文之"格"，可确保写出来的文章不会出现大的失误。考生在平常的作文训练及高考之前的两次模拟考试中，应将高考作文的写作常规和评价青睐内化为自己的一种写作潜意识、潜要求，在自觉或不自觉中以高考作文的规范和标准来引导自己写作。

下面，列举 2017 年我的三名学生参加"贵州脱贫攻坚群英谱"征文大赛的获奖作文来分析作文的"格"。

不忘初心，方得始终
——致金沙县平坝镇"文军扶贫先锋"姬益强

贵州省大方一中高二（1）班 宋光义　指导教师：黄敏

自创是一份坚守，幽默是一种方式，传递是一份爱心，那一颗坦诚的赤子之心，彰显的是一种品质。这是对姬益强真实的写照。他每一次的创作，都是内心在诉说着农民的不平凡，每一次的倾情演出，都是灵魂在谱写着爱心的力量。我敬仰这位"扶贫先锋"。

倾情创作，充盈生活

"没有伟大的猜想，就作不出伟大的发现"，牛顿曾言。作为宣传队队长的姬益强，为了充分发挥大家的特长，在经过一番猜想与研究后将宣传队合理分工，分为曲艺组、创作组和编导组。党的十八大以来，宣传队成功地将党和国家的政策法规及地方党委、政府的中心工作编成小品、相声、小话剧、快板、歌舞、三句半、对口词等，群众喜乐见闻的节目在节假日和农村有大事小事时进行演出。

姬益强发现通过这样的方式既给村民们带来乐趣，又丰富了广大农村群众业余文化生活。

"尝试不一定成功，但不尝试就没办法成功。"姬益强的这一猜想、尝试得到了各级领导和广大群众的一致好评。近年来，宣传队还应邀到织金、大方、毕节等地演出，通过优秀节目形象生动地诠释了"科学发展观"的思想，解读了"以人为本"的具体内涵。

紧随党音，奔赴小康

"老姬是我们离不开的人。他的快板好听，还能让我们及时了解国家政策"，乡亲们说。在平坝镇双兴社区，姬益强从来都是快板不离身，干活时，走路时，只要有人愿意听，他都会爽快地来一段。姬益强还特意制作了节目单，村民们可以根据自己的喜好选播节目。

一副快板，10多万字的手稿，66岁的老党员姬益强可谓是家喻户晓。近年来，姬益强不求回报，将党和国家的理论方针政策编成通俗易懂的快板书，以说唱的形式展现出来，10余万字的手稿见证着他的付出。

"辛勤的耕耘就会有丰硕的成果"，罗丹曾说。姬益强近年来孜孜不倦地学习，认认真真地创作，勤勤恳恳地排练。把不易记住，不好把握的政策理论转化为群众一听就懂、一看就会的乡土语言，持续把党的好声音传达到千家万户，把正能量辐射到群众中。

执着工作，追求无私

2013年，姬队长看到大家总是在狭窄的屋子里排练节目，看到群众们在危险的公路上跳广场舞，执着追求，无私奉献的他心中总不是滋味。于是，他希望全家人支持他将自家的500平方米自留地无偿让出来为群众修建文化娱乐小广场，并要求孩子们共同出资10余万元来进行修建。

孝顺的孩子们见父亲对宣传队如此执着，并且母亲也积极支持父亲，始终没有提出任何的反对意见。最终"皇天不负有心人"，姬队长及宣传队用他们对文艺宣传工作的热情，以及关心群众的真情、努力和汗水为自己赢得了领导的肯定和群众的赞扬。

2015年5月，姬益强家庭荣获"全国最美家庭"荣誉称号，夫妻二人亲自到人民大会堂领奖。这荣誉囊括了姬队长对文艺宣传工作执着奉献的精神，这荣誉包含了文艺宣传工作的艰辛与快乐。

"水滴石穿，非一日之功。"爱的桥梁是由坚持所筑成，绚烂的彩虹伴随着宣传队的声声旋律，氤氲的空气将爱的旋律传递到四面八方，温暖了各层人民的心房，"不忘初心，方得始终，用最诚的初心，做永远的事。"

评述： 这篇作文之所以能够获奖，在于学生注重作文的"格"。立意明确集中，赞美了金沙县平坝镇"文军扶贫先锋"姬益强的崇高精神。结构独到、新颖，题目采用了正标题和副标题相结合，让人一下就明白了作者的主题，文章的主体部分则用小标题的形式写出姬益强的先进事迹，思路清晰。文章的开头用排比句引出所写的对象——"扶贫先锋"姬益强。中间用小标题的形式写了"倾情创作，充盈生活""紧随党音，奔赴小康""执着工作，追求无私"三方面内容，写得充实，有文采。结尾处用引用，引出主题，最后做到点明主题，首尾圆合。整篇文章可谓是有"凤头""猪肚""豹尾"的特点，而且，内容充实，富有时代气息。

蜡染绣出致富"幸福花"

贵州省大方一中高二（4）班 周红　指导教师：黄敏

亲爱的蔡群阿姨：

　　展信佳！

　　昨夜，我了解了您的事迹，有一种直觉告诉我，我应该写点什么。您，一个平凡的苗家姑娘，用自己的双手带领大家脱贫致富，不得不令人心生佩服，同时也使我受益颇丰。

　　早年辍学，因家境贫困您离开家乡到贵阳并南下广东开始了您的打工生活。您在贵阳捡过垃圾，在广州工厂里做过鞋子。您说，10年前的您为了摆脱贫困，挣钱养家，四处打工，也算是吃尽了苦头。一个初中未毕业十几岁的姑娘就因为贫困受了这么多苦，遭了这么多罪。

　　吃了这么多苦，干了这么多又苦又累的活的您，其实有着一双灵巧的手。您从小就学得一身蜡染技艺，用丰富的图案装饰的百褶裙、头巾、围兜是您的拿手绝活。您还成了远近闻名的"绣娘"。

"当蜘蛛网无情地查封了我的灶台；当寒冷的疾风抚过高原贫瘠的土地；当灰烬的余烟叹息着贫穷的悲哀。我依旧怀揣希望相信未来。"这是一段对您真实的写照！

　　机遇到来，2006年，苗族蜡染被国家列入非物质文化遗产名录。似乎，是上天知道您需要一扇门，于是，机会来了。您抓住了这次机会，参加了旅游商品两赛一会毕节分会场比赛获得了"毕节名创"二等奖。在此之后各种奖项接踵而至。2006年就这样成了您人生的转折。

　　居里夫人曾说："强者创造良机，弱者坐待良机。"也许是冥冥中一切早已注定您必定要成为强者、成功者。在2008年，在举国欢庆奥运的时光中，您没有丝毫的懈怠，于是一个尚未人知的手工作坊已经在您家乡的苗寨里建立了起来。您一边教学，一边创作，每日辛勤劳作，汗流浃背！

　　功夫不负有心人。您的作品在"多彩贵州"旅游商品"两寨一会""能工巧匠"选拔赛中受到来自全国各地的专家青睐，连续两年荣获"蜡染蜡画"一等奖，您因此获得了"贵州名匠"的称号。

　　庄周在《逍遥游》写道："且举世誉之而不加劝，举世非之而不加沮，定乎内外之分，辩乎荣辱之境。"您没有被各种名誉、称号冲昏头脑，仍旧怀着本心在2012年注册了以自己的名字命名的蜡染刺绣公司，以此继承并发扬民族的宝藏——苗族蜡染。

　　不得不令我钦佩的是您的头脑。您的家乡大寨村小妥倮——这个距织金洞仅1公里的小村庄，因着您的蜡染作品屡次获奖而被越来越多的人所关注。您由此抓住织金洞游客多、蜡染旅游商品销售潜力大的商机，结合了苗家传统的蜡染工艺，于2009年7月正式创办了织金县蔡群苗族蜡染技术工艺，将传统的民族民间工艺制成别具一格的民族特色旅游纪念品。

　　"时光总会眷恋那些勤奋的人。"自然，时光也是眷恋着您的，您的努力没有白费，才有了今天的成就——摆脱了贫穷，解决了家乡很多人的就业问题，还弘扬了苗族蜡染这门技艺。

　　蔡群阿姨，时光荏苒，这么多年过去了，您是否还记得当初是什么一直支撑着您走到现在的？是荣誉，是名利，还是什么？我想应该是一颗努力摆脱贫困的心吧！不想再过那样贫穷的日子，所以抓住蜡染这根致富的绳子一直向上攀登。

　　陶渊明不愿为五斗米而折腰却仍然因为贫穷而多次出仕；杜甫也因贫穷饥饿晚景凄凉。贫穷，是束缚人们的缰绳；是人们前进路上的绊脚绳；是令人自卑的心魔。而您是与众不同的，您割断了缰绳，踢开了绊脚石，甚至碾杀了心魔。您如那墙根的树苗，弱小却终究长成了大树，遮风挡雨。

蔡群阿姨，您那舞动不停的指尖和那忙碌不停的身影，永远铭记我心，我们也永远不会忘记您带领父老乡亲脱贫致富。您是我心中典型的脱贫致富英雄，今日给您写此信，就是想表达我对您深深的敬意！

祝工作顺利！

敬佩您的人

2017 年 9 月 20 日

评述： 这篇文章用书信的形式进行写作，新颖、亲切、自然，更容易与读者交流感情，更容易把文章中的信息传递给读者。感情真挚，抒写了作者对蔡群阿姨的佩服之情，无矫揉造作和无病呻吟之感。内容充实：写了居里夫人的名言——"强者创造良机，弱者坐待良机"；写了庄周《逍遥游》——"且举世誉之而不加劝，举世非之而不加沮，定乎内外之分，辩乎荣辱之境"来佐证自己的观点；还写了陶渊明、杜甫等事例。整篇文章内容充实、符合题意、中心突出、思想健康、感情真挚。

扎根深山只为脱贫攻坚
——记黔西县华山小学代课教师杨绍书

贵州省大方一中 高二（1）班 韩召兴 指导教师：黄敏

常言道："冰冻三尺，非一日之寒；水滴石穿，非一日之功。"四十年的坚持，杨绍书老师为华岗三组立下汗马功劳，让华岗三组的孩子们都上了小学。

"星星之火，可以燎原。"几十年的守候，送走一批又一批的孩子。让那个原本"各种账目不会算，收到来信不会看的"小寨子的人都识了字。河水碧如翡翠，而你亮如光辉。你寄托了全寨人的希望，照亮华岗三组的未来。

杨绍书是瓦房几个苗寨里第一个迈进中学大门的人，可因家里凑不出 5 元的学费，他无奈之下选择放弃自己的学习生涯。一个 16 岁的少年，与公社书记订立了一个诺言——在家里办一个识字班，书记为他记一个壮劳力的工分。

为了践行诺言，他双语教学坚持了十八年。对于一个 16 岁的少年来说，十八年是多么长久的煎熬啊，如果说，让我们在一个只有十几户人家居住的地方教学十八年，可能早就心神溃散了。

拔穷根，先识字。一张木板上刷上墨汁就是黑板，两块木条搭上砖头就是课桌。当时的条件是多么艰苦，多么简陋啊！而一位任课老师，却要同时担任语文、数学、汉语、苗语四门学科的教学任务，这是何等的辛苦，何等的伟大。

要论先进典型的人物，我认为杨绍书首屈一指。即使自身处境十分艰苦，杨绍书还是坚持教学。因为在他肩膀上的担子，不仅是家里的老小，还有全寨人的希望，全寨儿童的未来。如果说他放弃了教学，很可能寨子里的孩子就会因此而辍学。

杨绍书曾在暑假里跑到广西去挖煤，即便如此，他还是收回了动摇的心。虽然动摇了，但他仍就忘不了老书记当年风风火火的背影，忘不了与那位顶着日头出门，却踏着雨夜离开的风风火火的老书记订立的诺言。这是他第二次主动自己留下来。

常言道："我吃过的盐比你吃过的饭还多。"但我想对杨绍书老师说："您走过的路，比我坐过的车还多。"

1995 年，杨绍书的小教室被合并到了现今的华山小学，他成了小学里的一名民办教师。可那一条深藏于大山、荆棘密布、杂草丛生的"毛狗小道"却难住了杨绍书和他的十几名学生。

尽管只有 4 公里，可就连大人走起来也很困难，更别说那些只有七八岁的孩子了。

正所谓"功夫不怕有心人"。杨绍书不向困难低头，他带着镰刀、锄头、斩荆棘、刨石梯、搭藤索。硬用双手为孩子们开辟了一条通向光明的道路。

荀子曰："不积跬步，无以至千里。"日复一日，年复一年，杨绍书带着苗寨里的孩子们出山、进山，22 年来走过的路程大致相当于绕地球赤道一圈。

在群众易地扶贫搬迁中，他立下汗马功劳。对于农民来说，土地就是命、是根。正因华岗三组的老百姓对土地的依恋性，以及沟通的障碍和思想的障碍，老百姓拒绝搬迁。给党委政府的工作加剧了难度。半年下来，依然还是没有一户人家愿意答应搬迁。

这时候，村支部书记和瓦房村村支两委同志想到了杨绍书老师。他是当地最有威望的人。他以苗族解决问题的独特方式，每走一家都和主人小酌两杯，操着一口标准的苗语，分析贫穷的根源所在，一家一家话家常。终于，华岗三组的村民在 2017 年 7 月全部答应搬迁。

雷锋曾说："自己活着就是为了使别人活得更美好。"杨绍书是大山里的守护神，为村民奉献自己的青春；杨绍书是大山里的好园丁，耕耘出人民的幸福。

评述：文章的开头引用"冰冻三尺，非一日之寒；水滴石穿，非一日之功。"来引出所写对象——杨绍书老师。正文部分，写了杨绍书老师的先进事迹。语言流畅,思路清晰。结尾处再引用雷锋的"自己活着就是为了使别人活得更美好。"的名言来作结,写出杨绍书是大山里的守护神,为村民奉献自己的青春;杨绍书是大山里的好园丁,耕耘出人民的幸福。深刻丰富,中心突出。

在审对题的基础上,作文有了"格",其他方面哪怕在内容、语言等方面还存有不足,文章也可跻身二类作文行列。故曰:作文教学应注重"格"。

如何做好高中写作教学

摘要：语言学习表现为听说读写，听和读是输入；说和写是输出，说和写的好坏直接体现出一个人语言运用能力的高低。写作教学的有效性对于高中语文教师提高学生的写作能力有着重要的作用。高中语文教师在写作教学的过程中要做好打持久战的心理准备。同时，高中语文教师在教学过程中要注意及时收集来自学生的反馈，努力提高教学成绩。

关键词：激发兴趣　创新教学　整合资源　多元评价

当前高中生在进行写作时为何很多学生所写的作文水平非常低，这与其自身视野、知识储量等方面有着直接的关系，因此，在对学生进行写作训练时，应当注重将读写结合，不断增加学生知识储量，提高学生写作水平。传统的写作教学效率低下，学生的写作训练大都流于形式，写作教学一直是高中语文教学的重、难点所在。新课程标准下的语文写作教学，教师应该注重对他们写作兴趣的激发，让学生在平时注意积累写作素材，在写作当中勇于创新，通过写作实践促进他们写作能力的提高。

一、激发学生的写作兴趣

当学生的写作兴趣被有效激发，其写作效果也将事半功倍。由于写作的素材多数来源于生活，学生富有写作兴趣后会仔细观察日常生活，有意识地积累经验，以便运用到实际写作中。在高中语文写作教学中采用自主学习的策略，培养学生的自主学习能力，教师应该积极开展各类实践活动，帮助学生发现真实生活的"美"，并将其有效地应用到写作过程中。教师采用科学的教学方法激发学生的写作兴趣，引导学生将自己的真实情感融入写作内容中，根据自己的人生经验畅所欲言。近年来，高中语文教学受到传统教学模式的影响，改革效果不佳。因此，为促进高中语文教学质量的提高，在语文写作教学过程中，应该采用自主学习策略，完善教学理念，培养学生的自主学习能力，提高学生的教学参与性，尊重学生的个体差异性，教师要做到根据不同学生的实际情况进行因材施教，有针对性地引导学生学习，运用科学的教学方法激发学生的写作热情，培养学生的自主探究意识，有效地运用自主学习策略全面提升高中语文写作教学水平。

二、创新教学方法，鼓励学生个性化写作

学生的个体性格以及价值观在高中阶段往往已基本形成，可以以相对成熟的思维思考问题、学习知识。因而，高中语文教师应了解学生的思维特点、尊重学生的个体差异，采取因材施教的方法进行写作教学。由于思维方式和个性特征的差异，每一个高中生都会对相同的作文题目产生不同的理解，在实践写作中也会体现出各自价值观的差异。语文教师应理解这种差异性的存在，依据学生的个性特征和写作能力进行个性化教学。此外，鼓励学生形成自己的写作风格，彰显写作特色，培养学生的自主学习能力。与此同时，教师应鼓励学生养成写日记、周记的良好习惯，这对于学生的随笔写作和自主写作能力的提升十分有利。

三、鼓励学生积累知识，加强片段写作练习

学生写作能力的提高需要常写常练，只有加强日常积累，才能有效进行表达。在高中语文日常教学中，教师要鼓励学生多多积累知识，可通过日常写作训练，加强片段写作，增加学生写作知识的积累，提高学生写作水平。学生写作训练的方式有多种，在日常教学中，教师可通过仿写、缩写、扩写、改写、补写等多种方式来加强学生的片段写作训练，为整体作文训练打好基础。例如，在教学《荷塘月色》一文时，文中对于荷塘月色之景描写得十分生动，教师可让学生仿写月光下荷塘之景的片段，以"玫瑰""菊花"或是任意景物为写作对象，采用朱自清描写月下荷塘时所用的由近及远、由上而下的空间顺序来描写这类景物，并注意采用"动静结合"的写作手法来写出景物的情态和风致。如此仿写，不仅能使学生灵活运用所学知识，还能帮助学生逐步积累景物描写知识，掌握景物描写的方法，有效提高写作能力。这种具有针对性的片段式写作训练，教师可时时进行，在课堂教学中灵活采用，以快速提高学生的写作实践能力。

四、合理整合教学资源，激发学生写作热情

知识源于生活，对于写作而言，生活亦是创作之源。在高中语文写作教学中，部分学生由于仅关注于学习和课堂，缺乏对生活的观察与体验，常常由于材料不足或是缺乏个性化思考而致使写出来的文章难以出彩，缺乏深度和情感，不能打动人。由此可见，只学书本不懂生活也是难以写好作文的。但是，高中学生学业繁重，难以有效体验生活，这时，教师可借现代信息技术整合教学资源，从网络上找寻贴近学生生活亦有价值的教学资料向学生展示，激发学生对生活的联想与情感，让学生有感而发，有话可写，进而激发写作热情，写出高质量的文章。以"母爱无言"为话题的作文教学为例，为激发学生的创作情感，

教师可在网络上下载央视公益广告"别让等待，成为遗憾！"播放给学生看，让学生好好理解视频中母亲的独白。视频首先播放了孩子小时候，母亲为其整理衣服，温柔地说着："等你考上大学，妈就享福了。"并遥望孩子背影目送孩子上学，满脸幸福。接着，画面切换到孩子长大了，母亲对孩子说："等你结完婚，有了孩子，妈就享福了。"终于，孩子成家了，母亲同样满脸幸福。最后，画面切换到母亲已成了奶奶，怀抱着孙女满脸慈爱，孙女对她说："奶奶，等我长大了，就让您享福。"三个画面以时间为轴，体现了母亲的默默付出以及期盼，呼吁大家要及时尽孝。学生看着这个广告视频，感触颇深，纷纷联想到了自己的父母，想到了父母对自己的付出，大家心潮澎湃，写作的情感瞬时被激发出来，最终写出的文章也颇富情感，事例丰富生动。

五、以生活为导向点燃学生情感

叶圣陶先生曾说："生活如源泉，文章犹如溪水，源泉丰盈而不枯竭，溪水自然活泼地流个不停。"可见生活对于习作的重要性。学生不会作文，关键是"无话可说"，"无话可说"缘于对世界缺少观察，对生活缺乏感受。不能观察世界感受生活，不是没有世界和生活，而是缺少"爱心"和"热情"，只有"冷漠"和"麻木"，视世界变化而不见、感生活起伏而不动。那么教师在教学中就要以生活化为导向，帮助他们建造起"爱心"，培养出"热情"，点燃学生情感。以生活化为导向，要求学生的写作素材及体验都是与生活密切联系的。那么，教师在日常教学中，要指导学生采用多种方式来练习写作，例如，可以要求学生坚持写日记，抓住生活当中的点滴感动，为今后的创作积累大量的素材，写作才不会成为无源之水。另外，随堂练笔也可以帮助学生记录生活点滴。比如，有一次上语文阅读课，刚好当天天气不好，狂风大作，声势浩大。学生们东张西望无心听课，既然大家都已经将注意力放在外面的狂风上，何不让他们放松心情去感受此时此景？我随即让学生以"起风了……"为开头写一段话，同时指导学生倾听风的声音，同时观察事物在风中的状态。学生身临其境，描写非常生动传神，这次写作也非常成功。

六、转未知入已知领域，娴熟运笔

前文强调了平时收集素材的重要性，并提出成块状收集整理素材的方法，形成有形的战时军需。但由于近几年高考命题走向任务驱动型作文，命题内容呈现多向化走势的特点，学生往往望题兴叹，泛泛而谈，硬着头皮苦作，其效果不言而喻。笔者认为，作文命题的形式和内容是无形的，虽然我们加强平时积累，在一定程度上让学生形成块状的知识结构体系，但面对任务驱动型作文的命题形式,平时的积累就变得格外疲软。此时,转未知入已知领域,娴熟运笔,由"必然王国"到"自由王国"是作文成功的关键所在。面对陌生的命题范围,难以下笔,这是现实,是必然。但我们可在不超出命题范围的情况下巧妙转换拟题,并在文中充斥进我们熟悉的素材,娴熟运笔,写成文章。

七、实施多元化作文评价,提高学生写作水平

新课改提出对学生的作文要实施多元化评价,以有效提高学生写作水平。在高中语文作文评价工作中,由于高中生已具有一定的文本阅读经验和审美认识,因而,教师可将学生也纳入作文评价工作之中,以使评价的主体多元化。这一方面能使学生相互学习,发散学生思维;另一方面也有利于学生通过改评提高审美能力,更懂得如何进行写作。当然,在学生评价的过程中,教师不能仅做旁观者,而应积极参与其中,可就学生的评价作出总结性评价,供学生参考,指导其合理作评,也可挑选几篇有代表性的文章与学生共同讨论评价。此外,作文评价不能仅就写作内容进行评价,而应实施全面性评价,包括学生的情感态度、价值观、能力等的评价,以充分发展学生个性,实现学生写作水平的全面提升。

综上所述,在高中语文议论文写作教学方式上,对于学生来说应该注重写作内容上的深刻性,学会利用论证来证明自己的观点。在实际教学上,老师也应打破传统的教学方法,让学生不再局限于灌输式教学,在真正意义上能够加强自身的写作能力。只有这样才能更好地提高自身文化素养,才能提高综合能力,才能为社会主义建设培养新的接班人。

参考文献:

[1] 陈春芳 . 试论高中语文教学中学生写作能力的培养 [J]. 作文成功之路,2015(09).

[2] 何山 . 高中语文教学中学生写作能力的拓展方法研究 [J]. 教育,2017(01).

[3] 王丹 . 高中语文教学中学生写作能力的拓展方法探究 [J]. 课程教育研究,2016(10).

[4] 齐秀中 . 自主学习策略在高中语文写作教学中的有效运用 [J]. 中外企业家 2013(23).

《"出乎情、合乎理"的意外结尾》作文教学案例

教材版本：人教版。学科：语文。年级：高一级。

课题：《"出乎情、合乎理"的意外结尾》

教学理论依据：

本教师采用实例学习法。

这种学习法有三个标准：

1．重视学生是否能够成功地分析和运用手上的例子去达到学习的目的。

2．学生在知识库中，找出知识点来解决老师提出的问题。

3．学习成果必须对学生自己有实际用途。

教学目标：

1．知识目标：掌握作文"出乎情、合乎理"的意外结尾方式。

2．能力目标：培养学生在写记叙文结尾时能用"出乎情、合乎理"的结尾方式，提高学生写作能力。

3．情感目标：培养学生的写作兴趣。

教学重点：

分析《生日蛋糕》一文，掌握"出乎情、合乎理"的意外结尾方式。

教学难点：

把"出乎情、合乎理"的意外结尾方式运用在记叙文写作中。

教学课时：1课时。

教学过程：

一、复习导入新课

师：在现实生活当中，如果我们做一件事情有头无尾，那么就会被人嗤之以鼻，被讽刺为虎头蛇尾，如果我们写一篇作文，有一个好的开头，没有一个好的结尾，同样也是不行的。如果我们说作文的开头是与读者见面的第一印象，那么结尾就是与读者相识之后的美好回忆。所以，一篇作文的结尾，我们不能忽视它对整篇文章所带来的魅力。那么，怎样才能写好一个结尾呢？首先，必须要掌握一些写作文的理论知识，如作文的结尾方式有哪些等。同学们，我们上课时讲过很多种结尾方式，你们还记得吗？请同学们分小组归纳出文章结尾

的方式，然后向全班同学汇报。

生一：我们小组归纳的有两种结尾方式：第一种是前后呼应的结尾方式，如《紫藤萝瀑布》一文；第二种是反问式的结尾方式，如《羚羊木雕》一文。

生二：我们小组归纳的也有两种：第一种是议论抒情式的结尾，如《春》一文；第二种是扣题式的结尾，如《第一次真好》一文。

生三：我们小组归纳的有五种，前四种和前两组相同，其余一种是：引用式的结尾，如《驿路梨花》结尾写道："驿路梨花处处开。"

师：（点击鼠标，屏幕显示）

作文常见的结尾方式：前后呼应式、反问式、议论抒情式、扣题式、引用式……

二、学习新课

师：今天，我再给同学们介绍一种写记叙文或小小说行之有效的结尾方式，那就是"出乎情、合乎理"的意外结尾。

（点击鼠标，屏幕显示）

"出乎情、合乎理"的意外结尾

日本文学评论家进藤纯孝说："新颖的想象、完整的结构和意外的结尾是短而又短的超短篇小说的三要素。"此话一点也不错。所以，我们所说的"意外结尾"应该有以下两个特点：

（点击鼠标，屏幕显示）

1. 必须符合故事及情节发展的逻辑。

2. 一定与读者和主人的期待完全不同。

例如《项链》一文中，玛蒂尔德把朋友的一串项链丢失了，为了还买项链所欠的债，玛蒂尔德苦苦干活十年，青春也丢失了。十年后，当她在公园遇见朋友。玛蒂尔德期待回答的是什么呢？也许是"亲爱的玛蒂尔德，这太让我感动了，你真是一个忠实的朋友"之类表达内心的震惊和钦佩话语吧。这也许是读者所盼望的答案。可是作者使作品的结尾发生了一个大大的意外，使情节发生逆变，问题的答案，事情的结局令人惊奇不已。综观全文内容，那条项链到最后被珍妮说出是一条只值 500 法郎的假项链时，也是合乎理的，因为文中处处为这一结局埋下了伏笔。

这样的意外结局与开端的问题和情节是遥相呼应，互为映衬的，悬疑感越强，意外效果就越强，意外效果的强烈度也反证了悬疑感的强烈度。

现在我们再来学习《生日蛋糕》一文，以它为例进行尝试。

生日蛋糕

　　又是个星期天。母亲却已早早醒来了。看钟表，才五点半。天要亮了，儿子房间里仍是一片寂静。

　　哦，今天是星期天哪。在床上躺会儿吧。想什么呢？以往五点半时准备早餐，七点钟要买菜。然后或者上街，或者干别的什么。眨眼又做饭，再吃饭。下午怎么过的？又是做饭，吃饭。晚上看看电视，打些毛衣。回头给孩子准备点心。仔细算一算，一天竟是如此简单。眼看儿女们从幼儿园到小学中学，起得越来越早，睡得越来越迟。那儿子一天也见不着几面。只是知道这家伙学习忙。真是快啊！想那时他还是个小孩子。对，1977 年生的嘛，又在 10 月。

　　母亲躺着胡思乱想，居然想到了今天就是自己的生日。这是她不在意的，连儿子也是不太在意的。又过了许久，躺也躺累了。母亲索性起床下楼去了，走到堂屋，发现桌上有一个蛋糕，上面用奶油浇着"生日快乐"四个字。母亲凑上去仔细察看，想知道这是给谁的。可惜旁边没有纸条。这蛋糕昨晚还没有的，怎么一下子出现了？是孩子买的吧？怪不得昨天吃晚饭时，他那神情让人奇怪。是他买的吧？一定是。前几天不也向我要钱了吗？这孩子，长大了，居然想起我的生日来。今天还装着不起床，还买蛋糕等着我呢。他是大了，是懂事了。这样想着，她轻轻带上门出去买菜，让儿子再休息一会儿。

　　五月的天气是最好的，阳光洒在墙角、瓦缝、地面，各处都让人感到生机无限。今天母亲买菜也特别慷慨，一会儿便是满满一大篮。她怕早些回去，儿子还没起床，不能马上听到儿子的祝福，于是和几个邻居攀谈了一会儿。谈久了，又怕儿子出门。等到心里感到差不多了，母亲挎着篮子回到了家。儿子已经起来，今天他气色很好，穿得十分干净。见到母亲，他赶紧迎上去，笑容满面。母亲似乎猜透了他的心思，故意逗他说："今天怎么这么高兴呀？有什么事瞒着我吧？"

发放《生日蛋糕》一文给学生。

（点击鼠标，屏幕显示）

分析《生日蛋糕》一文。

我们先来读前面的情节，然后共同分析课文并猜测文章的结局。

生：朗读《生日蛋糕》一文。

师生互动，分析文章。（点击鼠示，屏幕显示）

5. 逗儿子说话

4. 迎来儿子微笑

3. 想听儿子的祝福

2. 猜想为自己买

1. 蛋糕为谁而买

师：请同学们猜测文章的结局。

生：猜测文章的结局。（学生猜测的结局可能有：妈妈生日快乐、别人给妈妈买的生日蛋糕、别人寄在我们家的蛋糕、我给同学过生日的蛋糕……）

师：同学们的猜测，我暂时不作出评判，请同学们先找出这篇文章的插叙部分，并说出在文中起什么作用？

生：讨论作答。

师明确：第二自然段插叙平日母亲和儿子的生活内容，绝不是多余，而是借此暗示了母亲为儿女含辛茹苦，而儿女并不懂得母亲这一主题。此段为后文埋下伏笔，为最后的"结局"作铺垫，反衬了儿子对母亲的漠不关心。

现在我们来看谁猜测的结尾是"出乎情、合乎理"的。

（点击鼠示，屏幕显示）

5. 逗儿子说话

4. 迎来儿子微笑

3. 想听儿子的祝福

2. 猜想为自己买

1. 蛋糕为谁而买　　　　　　　6. 同学过生日买的蛋糕

这一结局是突然、意外的，给母亲的伤害也是深重的，读者也是失望的，讽刺意味更浓重了。

三、当堂练习续写结尾

同学们，你们将怎样处理这个结尾？请同学们为这篇文章续写结尾。

生：续写结尾。

师：收 3～5 个学生续写的结尾当堂评讲。

（点击鼠示，屏幕显示）

教师所写的参考结尾：

"妈，我想向你要点钱，就五十块。今天我同学过生日，我和几个同学约好买件礼物给他。瞧！我还准备了个大蛋糕呢。"妈妈提着篮子，像被什么东西击中一样，一动不动地站着。

四、总结

师：同学们写的文章要如一江春水，先是顺流而下，积蓄了巨大的力量，忽然迎面撞上一块巨石，猛地翻转，让文章大波澜陡起，别开生面，达到"出乎情、合乎理"的意外结尾。我想，只要你符合"出乎情、合乎理"的结尾的两个特点，注意首尾安排、巧妙构思，你会写出引人入胜的好文章。（点击鼠标，屏幕显示整块板书）

"出乎情、合乎理"的意外结尾

1. 必须符合故事及情节发展的逻辑；

2. 一定与读者和主人的期待完全不同。

请同学们回忆、整理、巩固这节课所学的内容。

（点击鼠标，学生在轻音乐中完成）

生：独立整理笔记，巩固这节课所学的内容。

五、课外作业

师：请同学们看屏幕，按要求完成一篇完整的文章（课外完成）。

（点击鼠标，屏幕显示）

题目：一张贺卡

要求：

1. 内容完整，语言通顺；

2. 情节要有悬疑感，用"出乎情、合乎理"的结尾方式突出主题；

3. 字迹清楚，字数 600 字左右；

4. 下堂语文课交学习委员处。

六、教学反思

本人通过这堂作文教学，我发现学生对老师所给的学习例子比手中的教科书感兴趣，学生认为这种课堂对自己有益，能解决学生在作文过程中遇到的问题。写作方法也容易掌握，所以不易引起学生的焦虑，在教学中，学生能积极主动与老师配合，师生关系融洽，课堂气氛活跃。

（注：本文于 2009 年 8 月获毕节地区教学案例评比三等奖）

三、教学实录与设计

《广告标语》教学实录

教学实录简介：人教版高一下册的一堂综合性学习课。

教学内容说明：教学生写广告标语。

师：同学们，今天我不是你们的老师，我是一位厂商。最近一段时间，我制造出了许多的产品，我很高兴，同时又很苦闷！知道为什么吗？因为没人为我做宣传，我的产品目前市场前景不好，所以，今天我是特意来到你们班，请各位朋友帮帮忙，为我的这些产品写一些广告标语，加大宣传力度，让产品在消费者心中留下深刻的印象，好吗？

生（1）：我们曾师生一场，为恩师办这点小事没问题。（教室里全体学生发出了朗朗的笑声。）

师：我先检验一下你们的能力再说，什么叫广告标语？（板书：广告标语）

生（2）：为了达到广告的目的，在广告传播中反复使用的一种短语，广告标语又叫广告口号、广告词。

师：不错呀！我再来检验一下你们的审美能力、判断能力怎么样？你们常关注电视里的广告吗？

生（齐）：关注。

师：对于同一则广告或不同的广告，你们看了可能各人有各人的感受、感悟吧！看了广告之后你认为你最喜欢哪一则广告，为什么？或不喜欢哪一则广告，又为什么呢？现在就请大家踊跃发言，说得好的同学，我还要发一份我自己制作的精美奖品给她（他），大家赶快行动，可别错过良机。（奖品是一颗桃心，它代表教师的真心，上面写有一句名言。）

（我话音刚落，学生们便踊跃发言了）

生（3）：我喜欢杉杉服装的广告标语。因为刘翔转头的一瞬间，魅力无穷，让人觉得穿上杉杉服装就会像刘翔一样酷，一样骄傲、自豪。广告语有创意又简洁，是这样的：中国有我，杉杉有你——杉杉服装。

生（4）：我喜欢水果精华妈妈乐洗发露的广告标语。因为表演者用甜美的歌声很好地把产品的标语唱出来，让人感受到的不但有语言美，还有音乐美。消费者很容易把产品记住。

师：能唱出来吗？

生（4）：妈妈乐呀！妈妈乐呀！我们喜欢！妈妈乐！（全体学生不由拍起手为唱歌的学生打起了节拍，课堂气氛很活跃。）

师：你说到用歌声唱出广告标语宣传产品，我马上就想到了东三福酒的广告，它用了这种方式，我觉得就不太好，歌词太长，让人记不住，唱了几分钟，我还不知道宣传什么？细细琢磨才知道是宣传东三福酒。所以，用歌词来宣传产品也必须要简洁而且要符合产品的特征等。

生（5）：我不喜欢田七牙膏的广告，因为我觉得缺乏创意，就一个词"田七"！

生（6）：（很激动地站起来）我和他刚好相反，我认为这是一种反面效应，做广告的人用一种极简单的动作、标语推出产品，如果刻意地去追求创意，有可能把广告标语写得很长，表演得很复杂，让人不可领会，所以我认为平平淡淡也是真。

生（7）：我不喜欢铧锄运动人体拉身器的广告语。因为广告里所讲的内容太长，又讲得夸张、神奇，太神奇的东西总觉得是假的。

生（8）：我不这样认为。我认为铧锄运动人体拉身器的广告，能让人详细地了解到产品的作用、使用方法等。产品广告时，上面一直写着：健康、安全、科学、有效。我觉得让人相信，能产生安全感。

生（9）：我喜欢斯达舒药品的广告。因为只有这么几个字：斯达舒——中西药结合治胃病，五盒一疗程。广告标语不但讲了产品的作用，还讲了疗程。让人一听明明白白。（还有学生想站起来表达，因为时间关系，我只好发言了。）

师：很好呀！其他同学还有要发言的，下课后再与我交流。你们能归纳一下广告标语的特点吗？

学生们陆陆续续地站起来归纳，我便在黑板上写下广告标语的特点：

简洁、明确、贴切、独创、有趣味、易于记忆、易于说出来等特点。

师：现在，我给你们举几个例子来证明以上特点。例如：

铁时达手表的广告标语——不在乎天长地久，只在乎曾经拥有

新飘柔的广告标语——发质动人　气质动心　新飘柔　新体会

美国农业化品公司鸡饲料的广告标语——我真担心它们会长疯了

第一制药厂的广告标语——生命，又扬起了风帆

这几条广告标语既简洁、明确、贴切又独创，有趣味、易于记忆、易于说出来。

通过我的检验，同学们还是很优秀的，值得信赖，下面就行动吧！为我的产品写广告标语。

（师展示自己制作的产品：柔顺洗发露、彩云口红、香浓啤酒、中国清心香水、乐乐奶粉）

你喜欢我的哪一种产品就推荐出来，为它写广告标语，怎样为产品写广告标语呢？我认为大家可以从以下几个方面考虑一下：

投影展示：

1. 要紧扣广告标语的特点；

2. 广告标语可反映产品的特点、价值、作用、适用、对象等；

3. 尽量使广告口号成为流行语；

4. 可以唤起消费者的情感去写广告标语；

5. 用幽默、俗语、谚语、诗歌等去写广告标语；

6. 可号召消费者行动或用比较的方式或联想的形式去写广告标语。

以队为单位，大家可以交流、讨论一下。每写好一条，就大声地读出来，如果感觉不佳，大家一起修改。

生：写标语。

师：请大家说出自己写的广告标语，我欣赏一下。

生（10）：买奶粉要买乐乐奶粉。

生（11）：一头柔顺的秀发是女孩的闪光点，请选择柔顺洗发露。

生（12）：味道好极了——香浓啤酒。

生（13）：我只喜欢一个人，我只喜欢一种香水——中国清心香水。

生（14）：乐乐奶粉带给孩子健康和快乐。

生（15）：只需十五元，女孩的嘴唇就会飘上彩云，成为路人的焦点。

生（16）：以一支口红开始的故事——彩云口红。

生（17）：滴滴香浓，瓶瓶价廉——香浓啤酒。

生（18）：举头望明月，低头思彩云，用彩云口红，就是没理由。

……

师：同学们，你们都很了不起，我要把热烈的掌声送给你们。（教室里的气氛推向了高潮。）但是，我的这些产品关系着我公司的前途和员工的命运，所以我不能大意，我必须选出最优秀的人才为我的产品写广告标语，用什么样的方式评出最优秀的人才呢？我准备用比赛的形式，由各队的队长当评委评出最优秀的人才，大家有信心吗？

生（齐）：有。

师：（我念了比赛的规则及评分标准后，便拣起一支粉笔在黑板上画了一个洗衣机，取名为 "夫乐洗衣机"。）请同学们以队为单位，讨论、合作、交流，写出一句最好的 "夫乐洗衣机"的广告标语，然后推荐一个写字写得好的同学把它板书在黑板上，再推荐一个普通话好或表演好的同学把"夫乐洗衣机"的广告标语读出来或用歌声、动作等表演出来。

生：讨论，然后完成任务。（学生们讨论得热火朝天，几分钟后各队便派人上黑板书写了"夫乐洗衣机"的广告标语。写好后，各队又重新派人到讲台上来表演，学生们真是忙得不亦乐乎！其中的"挑战队"不但广告标语写得好，而且表演也非常到位。）

挑战队：你拍一，我拍一，亲密无间洗衣机；你拍二，我拍二，夫乐只需五百二，洗衣机要买 "夫乐洗衣机"。（两个女孩子站在讲台上，甜美的声音配上协调的动作，把这则 "夫乐洗衣机"广告标语表演出来时，赢得了全班同学热烈的掌声。）

师：请各队队长亮分，评出最优秀的队。（挑战队获得了第一名。）

师：同学们，我们最优秀的队已经胜出，明天就来我公司上班吧！我在办公室等着你们！（教室里再次响起了笑声、掌声。）

（注：本文于 2006 年 12 月获贵州省教学案例二等奖，优质课在 2005 年获国家级二等奖）

《春》教学设计

阅读散文，应该从散文的特点出发，仔细地去诵读、品读，与文本亲密接触，产生共鸣。本设计就是以诵读、品读为主。

【教学目标】

1. 知识与能力：识记、理解本课生字词；反复诵读，仔细品味语言美；培养欣赏文学作品的能力。

2. 过程与方法：学生预习，教师引导；教师范读，学生分组读、齐读；抓住文章的关键句，揣摩语言的含义，品味语言美，学生自主、合作、探究学习。

3. 情感、态度、价值观：感悟春给人的活力、希望、力量；热爱生活，热爱大自然。

【课前准备】

学生：

1. 预习文章，自学字词，弄清文意；

2. 搜集写春的诗词。

教师：

1. 准备与春相关的图文资料；

2. 准备有关春的歌曲一首；

3. 自制奖品：纸飞机。

【课时】第一课时

【教学实施】

一、创设情境，激发兴趣

1. 课件展示图片：春草图、春花图、春风图、春雨图、春人图。让学生说出各图中景物的特征。（说得好的学生，教师奖励一架纸飞机，并说明纸飞机的象征意义。）

2. 背诵写春的诗词：（师生对话）学生可能会背诵如下诗句：春眠不觉晓，处处闻啼鸟（孟浩然）。春江潮水连海平，海上明月共潮生（张若虚）。野火烧不尽，春风吹又生（白居易）。春风又绿江南岸，明月何时照我还（王安石）？两个黄鹂鸣翠柳，一行白鹭上青天（杜甫）。春潮带雨晚来急，野渡无人舟自横（韦应物）。

3. 师生共唱歌曲《春天在哪里》

听完歌曲，教师引入正文，介绍作者。板书：《春》朱自清。

二、整体感知，合作探究

1. 检查预习：读一读，写一写

要求：自选难读难写的字与同桌相互交流识记。例如：蓑衣，抖擞，筋骨，戴笠，花枝招展，酝酿，应和，黄晕。

2. 教师声情并茂地背诵课文（配乐）

提出问题：你们听听，这部作品像一首抒情诗，还是像一幅风景画，还是像一曲春的赞歌？

听完后，学生作出不同的回答，教师引导，明确：作者抓住春天的主要特征，用诗的笔调描绘了大地回春，万物复苏，生机勃发，花木争荣的景象，本文是一首抒情诗，一幅风景画，更是一曲春的赞歌。

3. 学生自由朗读课文

要求：读出感情，正确把握语调、语气。（学生自由读，老师巡视，指导。）

4. 学生找出自己喜欢的段落并读给大家听

（请3～5位学生朗读，教师给他们配上音乐，其他学生或老师点评。）

5. 学生齐读课文

思考：本文可分为几部分？每部分写了什么内容？

生思考、讨论、作答。

师引导、明确并板书。

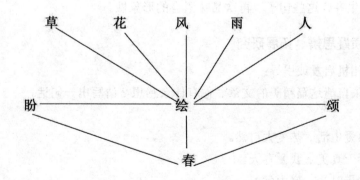

三、语言品味，互动探究

1. 作者锤炼词语的功力深厚，文中有不少凝练形象的词语和精彩动人的句子值得仔细品味。下面就请同学们把你喜欢的段、句或词语找出来，写一段文字，谈谈你的理解，说说喜欢的理由。

例：（1）小草偷偷地从土里钻出来，嫩嫩的，绿绿的。

（理解：这句用了拟人的修辞手法。用"偷偷地"和"钻"这些词语写出了春草破土而出的挤劲。写出了不经意之间，春草已悄然而出的情景和作者惊喜的感觉。这样就使无意识、无情感的小草似乎有了意识，有了情感，如同小孩子玩捉迷藏一样显得顽皮、可爱。）

（2）"吹面不寒杨柳风"，不错的，像母亲的手抚摸着你。

（理解：这句先说春风"像母亲的手"是比喻；又顺着说它能"抚膜"，又是拟人的修辞手法。这个句子把春风写得像人一样，让我们感觉到无限的温暖与柔情。）

（3）鸟儿将巢安在繁花嫩叶当中，高兴起来了，呼朋引伴地卖弄清脆的喉咙，唱出婉转的曲子，跟轻风流水应和着。

（理解：这一句用了拟人的修辞手法，写出了鸟儿的欢快，赋予它灵性，体现出春风的和悦，特别"卖弄"一词本来是贬义词，但在这儿是贬词褒用，是炫耀的意思。）

（4）撑起伞慢慢走着。

（理解：写出了人们的安宁、悠闲。）

（5）闹。

（理解：比"叫"用得好，写出了蜜蜂一派繁忙热闹的景象。）

（6）披着蓑戴着笠。

（理解：此句带有浓烈的江南地方色彩，写出了春天农人们的着装。）

2. 学生齐读这些句子，再次品味语言的形象性。

四、质疑思辨，拓展研究

教师相机启发或引导：

读了朱自清这篇精美的文章，你有什么感想？请写出一句话。

参考：

1. 热爱生活，热爱大自然。

2. 春天真美，我爱春天。

3. 珍惜时光，努力学习。

4. 保护自然环境，让春永远美丽。

5. 走进自然，憧憬未来。

五、小结

这是一篇诗意盎然的写景抒情散文。春，本来是自然界的一个季节，本文却赋予它感情和生命。作者抓住春天的主要特征，用诗的笔调，描绘了大地回春，万物复苏，生机勃发，草木、花卉竞相争荣的景象，抒写了作者热爱春天、憧憬未来的欣赏之情。

六、延伸扩展作业

课外查找并阅读有关春的短文，在读书笔记上写下与朱自清先生写的《春》有什么不同。

（注：本文于 2006 年 12 月获贵州省教学设计评比三等奖，用此教学设计上的优质课，同年获大方县优质课评比第二名）

《荷塘月色》教学设计

［教学目标］

知识目标：赏析文章的语言美。

能力目标：培养学生赏析文章语言美的能力。

德育目标：陶冶学生情操，培养学生对美好事物的追求与向往。

［教学重点］

赏析文章的语言美。

［教学难点］

学习赏析语言美的方法，在写作中借鉴作者运用语言的技巧。

［教学方法］

1. 朗读教学法；2. 美点寻踪法；3. 讨论法、点拨法。

［教具准备］

制作课件

［课时安排］

第三课时

［教学过程］

一、复习导入

师：同学们，朱自清先生是一位美文大师，着实是个大手笔，就拿我们学的三篇文章来说吧！如果把《春》比作是一位富含朝气的小伙子，那么《背影》就是一位拄着胡须幽幽长叹的老头，《荷塘月色》则是一位纯洁清秀的淑女了，三篇文章都写得很美。上节课，我们把《荷塘月色》的美归纳为几个方面？

生：画面美、语言美、情感美。

投影显示：

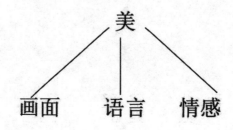

二、美点寻踪、体味课文的美

师：我们已经赏析了《荷塘月色》的画面美、情感美，今天这节课我们的学习重点就是赏析《荷塘月色》的语言美。下面请同学们打开课本，把你认为的精美传神的句子勾画出来，并把信息反馈给大家。

生：勾画精美传神的句子。

师：请同学们把你认为精美传神的句子给大家朗读一下，哪位同学先来。

生：朗读精美的句子。

运用比喻的句子有：

（1）（白花）正如一粒粒明珠，又如碧天里的星星，又如刚出浴的美人。

（2）微风过处，送来缕缕清香，仿佛远处高楼上渺茫的歌声似的。

（3）这时候叶子与花也有一丝的颤动，像闪电般，霎时传过荷塘的那边去了。

（4）月光如流水一般，静静地泻在这一片叶子和花上。

（5）（月光下的）叶子和花仿佛在牛乳中洗过一样，又像笼着轻纱的梦。

（6）月光是隔了树照过来的，高处丛生的灌木，落下参差的斑驳的黑影峭楞楞如鬼一般。

……

运用拟人的句子有：

（1）白花有袅娜地开着的，有羞涩的打着朵儿的。

（2）叶子肩并肩密密地挨着。

……

运用叠词的句子有：

（1）曲曲折折的荷塘上面，弥望的是田田的叶子。

……

运用动词的句子有：

（1）静静地泻在这一片叶子和花上。

……

师：同学们，你们朗读的这些句子大多数都来自课文的4～6段。看来，这些同学和老师产生了共鸣，我们都认为4～6段的语言写得很美，而且这三段又是文章的主体部分。既然这样，我们就重点赏析课文的4～6段的语言美。

三、具体赏析课文的语言美

师：请同学们抬起头用眼睛看大屏幕上的美图，用耳朵听老师朗读4～6段，先感受一下。

生：看图听读 4 ～ 6 段。

师：同学们刚刚读的那些句子，有的是运用了比喻、拟人；有的是运用了通感、叠词；有的则是运用了生动传神的动词。老师把它归纳为两个方面：修辞和动词。（投影显示）也就是说，我们赏析文章或句子的语言美时，主要是从修辞和动词这两方面去赏析。

在初中的时候，老师给同学们赏析得最多的修辞是比喻、拟人，在此，老师就不再重复比喻、拟人的赏析。今天，老师重点给同学们介绍两种修辞手法：通感和叠词。这是同学们不常接触的。

（投影显示学习重点的所有内容）

[学习重点]

通感的运用

通感：是一种把人们的各种感觉器官（视觉、听觉、嗅觉、味觉等）通过比喻或形容词沟通起来的修辞方式。

如：她唱的歌真甜。

（投影显示通感的概念及例句）

师：请同学们找出文中的两句通感句。

生 1："微风过处，送来缕缕清香，仿佛远处高楼上渺茫的歌声似的。"

生 2："光与影有着和谐的旋律，如梵婀玲上奏着的名曲。"

师：用什么方法去赏析这两句话呢？这是一个关键问题，同学们想知道一些赏析语言的方法吗？（投影显示赏析语言美的方法：1. 在具体的语境中去赏析；2. 用切换法赏析；3. 用删除法去赏析；4. 用直觉朗读感知。）

生：明确赏析这两句话的方法——在具体的语境中去赏析。

师生互动共同赏析：通感是一种独立的修辞手法，它不同于比喻，但在使用的时候，它兼有比喻的特点，也就是说，它也有本体和喻体以及相似点，下面我们就来赏析这两句话。

"微风过处，送来缕缕清香，仿佛远处高楼上渺茫的歌声似的。"

本体——花香（嗅觉）　喻体——渺茫的歌声（听觉）

相似点：立于微风中嗅花香（时有时无）听远处高楼传来的歌声（时断时续）（投影显示此句及此句的分析）

作用：把花香的特点写清了，生动形象。

"光与影有着和谐的旋律，如梵婀玲上奏着的名曲。"

分析：由视觉向听觉转移，把光与影化为跳动、悠扬的旋律，使意境更加温馨、幽雅。（投影显示此句及此句的分析）

师生互动，列举通感的例子，学生把所写的通感句写于黑板上。

①某某同学的声音很粗。

②诗人艾青曾写诗描绘一位日本的指挥家："你的耳朵在侦察，你的眼睛在倾听……"

③我可以继续举出许多通感的例子，直到读者发腻为止。

④看，现在每一个同学脸上都呈现出甜美的笑容。

⑤她唱的歌真甜！

叠词的运用：

师：文中运用叠词的地方多达20处。请同学们把这些叠词找出来。

生：找叠词。

师：（投影显示叠词）写绿树："葱葱郁郁""远远近近""高高低低"；写远山："隐隐约约"；写荷塘："曲曲折折"；写荷花："亭亭"玉立；写荷香"缕缕"清香；写流水："脉脉"；写青雾："薄薄"。

如何品味叠词的表达效果呢？用哪一种方法呢？

生1：用直觉朗读感知。

生2：用切换法赏析。

生3：用删除法赏析。

师生互动共同赏析：

1. 学生用直觉朗读感知。

2. 用切换法赏析。

教师举例示讲，学生分组讨论完成。

曲曲折折：不仅绘出了事物的状态，而且语气舒缓，能产生音韵和谐的美感。

曲折：不带文采，只是客观地描绘事物的状态。

远远近近，高高低低：不但写出了树多而密，而且错落有致，既开阔又有立体感，用语平实自然，富于节奏感。

远近高低：虽然也写出了不同的方向，但没有叠音词给读者的感觉那么强烈。

3. 用删除法赏析。

脉脉：写出了水的无声、含蓄，好像深含感情的样子，如果去掉之后，就显得枯燥无味。

师：使用叠词能传神地表现事物的特征和姿态，又使得行文轻缓舒徐，读来节奏鲜明，令人耳目一新。[投影显示：形象生动（画面美）、音韵和谐（音乐美）、渲染氛围（意境美）]。

同学们，你们想当美文大师吗？那么，你们今后写作文时也要学学朱自清先生对叠词的运用，让你的文章也有画面美、音乐美、意境美。

动词的运用：

师：下面我们来赏析语言美的第二个方面：动词的运用。请同学们看大屏幕。

投影显示 1～3

1. 妻在屋里拍着闰儿，迷迷糊糊地哼着眠歌。我悄悄地披了大衫，带上门出去。

2. 静静地泻在这一片叶子和花上。

3. 薄薄的青雾浮起在荷塘里。

品析文中精当的动词可以用哪些方法？

生 1：放在具体的语境中去品味。

生 2：用替换比较的方法。

学生分组讨论完成。

教师提问明确：

1. 句中"拍""哼"写妻子哄孩子睡觉的情状，真切再现生活；写"我"的动作"披""带"，熟轻巧、细心周到。

2. "泻"若换成"照"，是月光射到荷花上的意思，和"流水"的比喻不协调，而"泻"字既照应了以流水喻月光，又写出了月辉照耀，一泻无余的景象，使月光有了动感。

3. "浮"若换成"升"，仅是由低往高移动，而"浮"字写出了深夜水气由下而上轻轻升腾，慢慢扩散的情状，以动景写静景，描绘雾的轻飘状态。

四、课堂小结

这节课，我们主要欣赏文章的语言美。我们主要揣摩通感、叠词、动词的运用。我们分别运用了直觉法、删除法（针对叠词）、替换法、放入语境赏析法，品析了词语或句子的描写作用。同学们根据课堂上学到的方法去赏析更多的词句，就会减少盲目性，逐步提高鉴赏语言美的水平。

下面让我们再次进入朱自清先生的荷塘月色，感受文章的精美之处。

五、巩固目标

展示"荷塘月色"的优美画面，学生朗读课文的 4～6 段，再次进入文章的情境，感受语言之美。

六、布置作业

1. 背诵课文 4、5、6 段。

2. 仿照朱自清先生运用通感、叠词、动词等的特点，选"朝霞中""秋雨

中"的某处景物,投入真情实感,写一篇短文,题目自拟,不少于 600 字。(投影显示)

　　附:板书设计

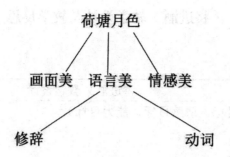

　　(注:本文于 2006 年 12 月获贵州省教学设计评比三等奖,用此教学设计上的优质课,同年获大方县优质课评比三等奖)

《将进酒》教学设计及教学反思

课题	《将进酒》教学设计	
教学目标	（含认知目标、情感目标、能力目标） 1. 知背景； 2. 重朗读； 3. 悟情感； 4. 谈感悟； 5. 重训练。	
教材分析	重点	诵读诗歌体会诗人的情感变化。
	难点	学生通过对李白的思想情感变化的学习，结合生活谈感悟。
	媒体教具	PPT 课件、音频朗读。
作者	贵州省大方一中　黄敏	
教学过程设计	教学内容： 一、导入 　　由图片"诗酒豪狂一天才"引入李白，李白为酒而生，也为诗而生。他酒入豪肠，七分都酿成了诗，口一吐就是半个盛唐啊！ 　　李白写的关于酒的诗： 1. 两人对酌山花开，一杯一杯复一杯。《山中与幽人对酌》 2. 唯愿当歌对酒时，月光长照金樽里。《把酒问月》 3. 兰陵美酒郁金香，玉碗盛来琥珀光。但使主人能醉客，不知何处是他乡。《客中作》 …… 师：没有李白，中国的诗坛何以灿烂；没有李白，中国的酒哪有诗情？李白借酒抒万丈豪情，也用酒写万古愁情。今天我们就一起学习李白的《将进酒》。	

二、学习正文

1．明确目标

①知背景；

②重朗读；

③悟情感；

④谈感悟；

⑤重训练。

2．李白的人生经历

　　744年奸臣当道，赐金返还，他来到洛阳与杜甫、高适等开始了他的第一次漫游，他们游览了山东等地，还写下了《梦游天姥吟留别》，"安能摧眉折腰事权贵，使我不得开心颜"给我们留下了深刻的印象。752年他离开长安已8年，他与朋友岑勋到友人元丹丘家做客，登高饮酒，对酒当歌，写下了这首佳作《将进酒》。

　　从他的人生经历，可见其人生的坎坷。

3．检查预习

①字义；

②字音。

4．朗读

①学生自由读；

②师范读；

要求：体会老师读时的节奏变化、情感变化、韵律变化，并用笔在书上作一些记号。

③学生齐读；

④学生个别读。

5．体会诗歌的情感变化谈感悟

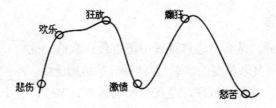

<table>
<tr>
<td rowspan="7">教学过程设计</td>
<td>①学生找出情感词，教师板书如上。
②师分析：
A．从此图中可以看出作者的情感怎样？诗的结构怎样？
明确：①复杂多变，时缓时急，忽高忽低，大起大落，一张一弛。有气势，有曲折，如大河奔流，势不可当。情感起伏跌宕，但结构却是从"悲"起，到"愁"作结，首尾是圆合的。
B．他的情感时欢、时悲，可见其矛盾性，诗中也有体现这一矛盾情感的诗句，请同学们找一找？
明确：天生我材必有用
      但愿长醉不愿醒
C．这一矛盾可看出李白在仕途上怎样的态度？
明确：在入世与出世上，他"一步三回头"，痛苦徘徊，在蔑视权贵之时，又希望得以重用，性格复杂多变，态度具有两面性，这是他人生悲剧的因素之一，最后在豪放的外表下，也流露出"万古愁"。
6．学生谈感悟
同学们：你们在李白的思想世界里感悟到了什么？
学生分组讨论交流明确：
①做人要自信洒脱，淡泊名利，如"天生我材必有用，千金散尽还复来"。
②在精神上受着苦闷的重压时，不要放弃对理想的追求，如"人生得意须尽欢，莫使金樽空对月"。
③蔑视权贵，傲岸不羁，坚守高贵。如"钟鼓馔玉不足贵，但愿长醉不愿醒"。
三、教师总结
四、再感知：听视频朗读，学生轻声跟读
五、课后作业：A．背诵全诗；B．完成步步高练习1～6。</td>
</tr>
</table>

教学反思

《将进酒》是高中选修课《中国古代诗歌散文欣赏》中的一篇课文，李白在诗中融入了复杂多变的情感，厘清诗人的情感脉络，学生在诗人的情感世界里，感悟了做事、做人的道理，是我教学的重点、难点。我上完了此课，现将反思总结如下：

1．采用目标教学法。向学生明确本节课要完成的目标，并采用引导、讲解、朗读、讨论交流等方式，按目标逐步完成。

2. 教学过程。在教学的过程中，以学生独立思考、讨论交流为主，教师引导、组织学生。教师作示范朗读时，感染力强，学生深受启发。特别在拓展运用时，学生参与度高，他们能结合生活实际，谈到自己在李白思想世界里得到的感悟，让学生找到生活、学习的力量，把握好人生的方向。

3. 我用多媒体提供有关的视频、音频、图片、文字辅助教学，学生思维活跃，积极参与，课堂生动有趣，气氛张弛有度，充分体现了学生的创新精神和实践能力，重难点突出。

总之，一节课上完后，达到了预设的目标效果。

（注：用此教学设计上的优质课在 2015 年获市级二等奖）

《大自然的文字》教案设计

教学目标：

1. 学习本文形象、生动、有趣的语言。

2. 引导学生联系生活学习课本知识，激发学生亲近大自然的热情。

重点：学习本文形象、生动、有趣的语言。

难点：引导学生联系生活学习课本知识，激发学生亲近大自然的热情。

教具准备：小黑板、录音机、自制录音带。

教学时数：1 课时

教学过程：

一、检查预习

1. 检查学生对题目含义的理解

师：同学们通过预习，知道什么是大自然的文字？往窗外看看，大自然有哪些文字。题目采用什么修辞手法？有什么作用？

生：讨论作答。

师：板书明确：大自然的现象，用比喻生动形象。

2. 检查学生对课文内容的掌握情况

师：文章介绍了哪些自然现象？认识这些现象对人类有什么好处？谁来告诉我。

生：讨论并分别回答。

师：板书明确：

(1) 星，可以辨别方向；

(2) 云，可以预测天气；

(3) 鸟，可以识辨季节；

(4) 石灰石，可以知道地壳的变迁；

(5) 漂砾，可以认识冰块漂移。

从板书可看出，文章按什么顺序写的？

生：从上到下。（板书：从上到下）

师：同学们预习得很认真，下面就请同学们听录音机范读课文，整体感知一下课文。

二、学习课文特点

出示目标

1. 学习本文形象、生动、有趣的语言。

师：同学自由讨论交流本文哪些语句、语段写得比较生动形象？你喜欢哪些语句，把它画出来。

生：勾画自己喜欢的语句。

师：把自己喜欢的语句、语段朗读给大家听，并试着说出自己的体会。

生：朗读并说出自己的体会。（老师随时进行指导、启发）

2. 联系生活学习课本知识，对课堂进行延伸，激发学生对大自然亲近的热情。

师：让学生以小组为单位，自由合作，互相讨论，大自然还有哪些文字？认识它可以知道什么？5分钟后由每组推荐一名同学轮流说出，每说出一条为10分。看看哪一组是冠军？开始讨论。

生：讨论作答，进行比赛。

师：累积分数，得出结论。

3. 激发学生亲近大自然的热情。

三、检查目标

教师发放试题（略）给学生当堂练习。

四、作业

1. 把你认为形象、生动、有趣的语言积累在读书笔记上。

2. 你还认识大自然哪些文字？把它收集整理在读书笔记上。

3. 整理文学常识在笔记本上。

设计说明：本文是一篇自读课文，以学生自学课文内容为主，教师只检查预习情况。新课改的精神是以学生的发展为本，教给学生新的学习方式，即自主学习、合作学习、探究学习。重在培养学生的能力，如说话能力、收集整理资料的能力等，学生的学习应是主动地接受知识，积极参与学习，培养学生的积极思维能力、竞争意识等。

五、板书设计（略）

2005年写于六龙中学

《永遇乐·京口北固亭怀古》教案设计

教学目标

1. 教师引导学生理解词中典故的内涵，体会辛弃疾晚年复杂的情感。

2. 学生尝试在品鉴辛弃疾情感的基础上评价一代豪杰的形象。

重点难点

1. 典故的内涵和用意。

2. 对辛弃疾的理解性评价。

教学课时

一学时

教学活动

一、导入新课

同学们，在中国文学上，有这么一个人，他由行伍出生，以武起事，最终以文为业。他的一生，不论是国事衰微，还是奸臣当道，他总是为南宋而战，为天下而战，他的一生，无论是就职当官，还是闲赋在家，他总是心系天下，心系百姓，忧国忧民。可惜，他的这一腔爱国热情，无处安放，还蘸尽了一生的悲凉。值得庆幸的是他的这种豪气和悲壮，为我们酿成了六百多首诗词，成了唐宋留存词作最多的人，他是谁？没错，他就是辛弃疾。那么，你能够背出辛弃疾的一些诗词吗？

学生回顾辛弃疾的课内诗词，并朗读辛弃疾的课外诗词：

稼轩课外诗词：

男儿到死心如铁，看试手、补天裂。　　　《虞美人》

何处望神州？满眼风光北固楼。千古兴亡多少事，悠悠。不尽长江滚滚流。《南乡子·登京口北固亭有怀》

更无花态度，全是雪精神。　　　《临江仙·探梅》

江头未是风波恶，别有人间行路难。　　　《鹧鸪天·送人》

今天我们一起来学习辛弃疾的另一首代表作《永遇乐·京口北固亭怀古》（板书：永遇乐·京口北固亭怀古）。从题目知道什么信息？词人都用了哪些典故？这些典故又都有何内涵和用意？

二、展示目标

1. 理解词中典故的内涵，体会词人的情感。
2. 再次了解辛弃疾的爱国形象。
3. 试背全词。

三、检查预习

A. 注音

孙仲谋（　　）　舞榭（　　）　巷陌（　　）　金戈（　　）　元嘉（　　）
狼居胥（　　）　仓皇（　　）　可堪（　　）　佛狸祠（　　）　拓跋焘（　　）

B. 参看课文注释及导学案，理解课文内容

无觅：　　　　　　　　气吞：　　　　　　　　风流：

寻常：　　　　　　　　草草：　　　　　　　　赢得：

四、朗读

五、分析文本

问题一：这首词写了哪些"古人"和"古事"？表达了作者什么情感？

分小组合作完成

析典故——分析典故，领会情感用意

教师：请同学们任选一典故，谈谈你从这些典故的背后读到了作者怎样的情感和用意？（提示：依托文本，紧扣体现作者情感态度的字词。可以小组讨论，最后完成表格。）

上片中可抓"英雄""无觅""风流""金戈铁马""气吞万里""仲谋""寄奴"来分析。

①孙仲谋：

词人感慨经历了千年风雨侵蚀之后，镇江的高山大江依然如故，而曾在这里建都的吴国君主孙权，却已经无处寻得了。辛弃疾以"英雄"一词赞颂他，表示自己对他的敬仰。同时取其字"仲谋"来称呼，更是表其尊敬。

"英雄无觅孙仲谋处"为倒装句，正常语序为"无觅英雄孙仲谋处"。舞榭歌台一句，承接上文，指繁华景象和英雄事业的流风余韵，也已经没有了。"风流"，也可指英雄遗风（英雄人物在历史舞台上所创伟绩带来的意义上的影响，所谓流风余韵）。

这两句则流露出了物是人非、英雄已逝的惆怅之感，表达了对前人事业后继无人的惋惜，也暗指南宋统治者昏庸无能。

总结：敬佩　　　指责

②刘裕：

俯瞰京口街市，如今夕阳照着那些草木杂乱、偏僻荒凉的普通街巷，人们说这是当年寄奴曾住过的地方。刘裕出身贫寒，曾经生活在荒僻小街巷，起兵北伐，灭南燕、后秦，建立政权。　　"想当年"三句直接颂扬刘裕率领兵强马壮的北伐军驰骋中原，气吞胡虏的壮观场景。

金戈铁马：金属制的戈，披铁甲的战马，借指威武雄壮的军队。

气吞万里：豪气简直能吞没万里江山，形容气概非凡。

上阕写了两个人，这两个人都是建立了功业的英雄人物，而且他们的事业都是在京口起步的。词人写这两位英雄人物寄托了自己力主抗金和决心恢复中原的宏大抱负，同时借古代帝王来讽刺南宋统治者屈辱求和的无耻行径。这几句流露出词人敬仰英雄，向往英雄的情感。同时盼望自己也能像孙权、刘裕一样，保家卫国，建功立业。

总结：渴望　　　保卫

③刘义隆：

"元嘉"是南朝宋文帝年号。宋文帝刘义隆是刘裕的儿子。他好大喜功，听信王玄谟北伐之策，准备像霍去病一样封狼居胥山，举行祭天大礼。没想到准备不充分，结果一败涂地，北魏军队一直追到长江边，声称要渡江，都城震恐。

草草：本来是杂乱不齐的样子，这里引申为草率马虎。

"仓皇北顾"，是看到北方追来的敌人而张皇失色的意思，宋文帝战败时有"北顾涕交流"的诗句。由此可见，作者对刘义隆有一种不屑和讽刺。

作者借此事咏叹当时南宋近事，即宋孝宗隆兴元年张浚北伐，在符离兵败事。以此警告当权者不要急于用兵，显示了作者对恢复大业的深谋远虑，对时事的忧虑。

总结：警告　　　忧患

④佛狸：

可堪：堪，能忍受之意；可堪，即哪堪、怎堪，怎能忍受，不能忍受之意。怎能忍受，四十多年前，金兵南侵，硝烟弥漫，而如今当地的老百姓们却在侵略者留下的行宫里，频繁地迎神赛社，香火不断，很是热闹。这让辛弃疾感觉到耻辱和悲哀。作者用此典故表达对已忘却战败历史的人们的不满和对失去半壁江山的当政者偏安自乐的嘲讽。此外，还表达了作者的隐忧：如今江北各地沦陷已久，不迅速谋求改变，民俗就安于异族统治，忘记自己是宋室臣民。

总结：不满　　　担忧

⑤廉颇:

廉颇是战国时期赵国名将,受了陷害,免职后到了魏国。后来秦国攻打赵国,赵王想再起用他,派人去看他的身体状况。廉颇虽然已老,可仍就想着效命疆场,击破强秦,于是在赵国使者面前,"一饭斗米,肉十斤,披甲上马,以示尚可用。"但赵国使者回报赵王说:"廉将军虽老,尚善饭;然与臣坐顷之,三遗矢(屎)矣。"于是赵王以为他老了,便不再起用,最后老死魏国。

"凭":靠,靠谁来问。作者由廉颇联想到自己,虽和廉颇一样都有着报国杀敌的爱国热忱,但是最终还是得不到重用。既同情廉颇也悲叹自己。但是廉颇尚且还有人来问,然而自己却无人过问我带兵打仗之事,从而表达了报国无路、壮志难酬的悲痛和愤慨。

总结:苦闷　　悲愤

板书:(略)

总结:作者通过这众多的历史人物故事,分别表达了对英雄功业的仰慕,对追求享受、草率从事的行为的批判,抒发了自己炽热的爱国热情和壮志难酬、报国无路的悲愤。因此,在今后我们学习有关典故的诗词时,一定要学会通过联想、对比,去体会作者的情感和用意。

问题二:在本词中,你们发现词人对人的称呼有什么不同吗?为什么要这样称呼呢?

明确:孙权取其"字",刘裕取其"小名",刘义隆取其"年号",拓跋焘取其"小名",廉颇取其"名"。

[(《颜氏家训·风操》:"古者,名以正体,字以表德。号以明志,斋室寄情。"称名是指明谁,称字则是表其德。名,幼年时由父母命名,供长辈呼唤。字,是男子20岁(成人)举行加冠礼时取字,女子15岁许嫁举行笄(jī)礼时取字,以表示对本人尊重或供朋友称呼。]

六、目标检测

本词主要运用_____的艺术手法。上阕用了_____雄才大略,_____北伐完胜两个典故,下阕用了_____北伐惨败、修建行宫(佛狸祠)_____壮心不已三个典故。

七、试背本词

方法:抓首字法

上片:千　　　舞　　　斜　　　想

下片:元　　　四　　　可　　　凭

八、总结

再次了解辛弃疾的爱国形象

"了却君王天下事，赢得生前身后名"这是辛弃疾一生的愿望，一生的信仰！不论官场险恶，还是国势衰微，他始终挺直了腰身，为南宋朝、为百姓、为天下而战！不论做官，还是闲赋，他始终心系祖国，心系苍生。对国家民族，他总有一颗放不下、关不住的心，他总有一腔憋不住、使不完的爱国热情！

这样的一种大胸怀、大气魄、大境界永远值得颂扬！然而南宋朝廷奸臣当道，苟且偷安，辛弃疾满腔的热情无处安放，一生还蘸尽了悲凉。值得庆幸的是，他这份豪气和悲凉却让他在文学上开了花结了果，他一生留存诗词六百多首，成了唐宋留存词作最多的人。在此，老师想用一首小诗聊以表达我对辛弃疾的敬意：

老师以一诗致稼轩：

感怀辛弃疾

一生长盼故国归，夜里还闻征雁飞。

六秩英雄心不老，稼轩壮志鬓毛衰。

学生以一语寄稼轩：

（当堂练习，当堂展示）

九、作业：

1. 默写全词。
2. 完成相关练习题。

（注：用此教学设计上的课于 2017 年 8 月在大方县名师课堂评比中获第一名）

《念奴娇·赤壁怀古》教学设计与反思

［教学目标］

知识与技能：通过朗读、品评、分析、鉴赏，学习词的艺术手法。

情感态度与价值观：学习词人豁达、乐观的豪壮情怀。

［教学时间］

1课时

［教学用具］

PPT课件

［教学方法］

在读中赏——在赏中读

［教学过程］

［互动设计1］

导入

由苏轼的《自题金山画像》引出曾经学过的关于作者的名篇名句，师生共同背诵，又让学生简介苏轼，达到复习巩固的目的。

PPT显示《自题金山画像》。

名篇名句：

但愿人长久，千里共婵娟。（《水调歌头》）

持节云中，何日遣冯唐？会挽雕弓如满月，西北望，射天狼。（《江城子》）

十年生死两茫茫，不思量，自难忘。（《江城子》）

拣尽寒枝不肯栖，寂寞沙洲冷。（《卜算子》）

……

［互动设计2］

学生口述

1. 我所知道的苏轼及背景。

2. 教师小结补充：苏轼生活在北宋危机不断加深的时期，神宗元丰三年（1080）苏轼因"乌台诗案"被贬往黄州（今湖北黄冈）充团练副使，团练副使是一个徒有虚名的职位。元丰五年，四十五岁的他在游赤壁（黄州赤鼻矶）时，吊古抒怀,写下了名篇《念奴娇•赤壁怀古》,表达了他对古代英雄的赞美和自己壮志未酬的感慨。

[互动设计 3]

进入词境

1. 板书课题:《念奴娇•赤壁怀古》。

2. 学生看视频并听音频朗读《念奴娇•赤壁怀古》。

[解说:运用现代教育技术,朗读《念奴娇•赤壁怀古》。那豪放、浑厚、悠远而略带苍凉的朗读,让学生感受、理解词的豪放风格和词人思想感情。那优美的画面和雄浑的朗诵使得学生能很快进入词境,产生一种豪壮之情。]

[互动设计 4]

在读中赏

1. 学生模仿音频朗读,教师作朗读指导。

诵读点拨:这首词历来被视为宋词豪放派的代表作,应读得铿锵有力,要读出作者对英雄的景仰;最后的感慨语尽管含有一点消极情绪,也应读得洒脱,不要当作低调处理。

2. PPT 展示问题:上片写什么?上片所见之景有哪些?有何特点?有什么作用?

学生独立思考,教师提问并板书:

所见(实): 大江 乱石 惊涛

点拨:上片先以波澜壮阔的长江为背景,点出赤壁战场之所在,然后写它的险要地势,并称颂当时众多的英雄人物,为下片人物的出场作铺垫,写景也为了抒情。

3. 请生 1 朗读上片,教师点评。

[互动设计 5]

在读中赏

1. 学生齐读下片,师生共同分析下片。

2. PPT 展示问题:下片写什么?下片所想之人有哪些?有什么作用?

学生独立思考,教师提问并板书:

所想(虚): 周瑜 小乔 自己

3. 下片中重点介绍了谁?

点拨:下片先着力塑造周瑜的英雄形象,描述火烧曹营的历史事件,最后借对周瑜的仰慕，抒发自己功业无成的感慨。

4．PPT 展示周瑜图片。

5．学生找出描写周瑜的句子：遥想公瑾当年，小乔初嫁了，雄姿英发。羽扇纶巾，谈笑间，樯橹灰飞烟灭。

6．生2朗读。

［解说：激情诵读，初步感知词风——在读中赏。字面是理智的，声音才是情感的，创设了活跃的课堂气氛之后就指导学生在放声朗读中赏析全词，从自己有情感的声音中感受这首词的风格。

7．从这些句子可以看出周瑜是什么样的人？

生答。师明确：风流倜傥、年轻有为、文武双全、指挥若定……

8．"小乔初嫁了"的"初"字是否写错了？为什么不写成"出"字。

学生交流作答。

教师明确：小乔出嫁是建安三年，周瑜指挥赤壁之战是建安十三年，作者把相隔10年的事放在一起来写，是有意为之。因为，"初"是刚刚的意思，写初嫁，说明小乔还很年轻漂亮。苏轼词中插入"小乔初嫁了"这一细节的深刻含义在于：一是借周瑜娶小乔的事实，说明周瑜在指挥赤壁之战时，年纪很轻，才华横溢，很有作为。二是以美人烘托英雄，更能衬托周瑜潇洒的风姿，英雄美人，相得益彰。

9．学生找出描写苏轼的句子：故国神游，多情应笑我，早生华发。

10．生3朗读。

11．从这些句子可看出苏轼的形象怎样？

明确：早生华发。

12．分析倒装句，并解析"多情"和作者为什么"笑"自己？

学生作答。教师明确：多情指建功立业的愿望。作者想到别人功成名就，自己却壮志难酬，所以"笑"，是自我解嘲、安慰的笑。

13．PPT 展示周瑜和苏轼的对比图，师生共同完成。（图表略）

14．"江山如画，一时多少豪杰"在词中起什么作用？作者想到哪些豪杰？为什么作者要选周瑜与自己对比而不选诸葛亮等人呢？

学生同桌讨论作答。

教师明确：承上启下的作用。想到了：曹操、诸葛亮、刘备、孙权等。因为诸葛亮没有美人的故事，他的"出师未捷身先死"是悲剧性结局，与前面的壮景不相符。曹操是奸臣不能与自己相比。刘、孙是主公，他们是善于用人，并且年纪大了与作者也不好对比。只有周瑜在年纪、婚姻、外貌、职位、功业与自己形成鲜明的反差。再者，周瑜娶小乔，小乔之姊大乔系孙策之妻，所以周瑜跟孙权外托君臣之义，内有葭莩之亲，能取得孙权的绝对信任，这是他能够建功立业的一个重要条件。这正是作者所没有的，又是他十分渴望的，从而仰慕英雄哀叹自我，深化了主题。

[互动设计 6]

探究主题，感受词人抒发豁达、乐观的豪壮情调

1. 你认为词的最后"人生如梦，一尊还酹江月"是积极的还是消极的？它与前面的豪放之景，英雄人物矛盾吗？

（此问由学生自由发挥，见仁见智）

2. 学生自由交流讨论并作答。

3. 教师点拨：宋神宗元丰五年，苏轼因得罪当朝，被贬官为黄州团练副使。一日，他漫步黄冈城外赤鼻矶，千里涛声在耳，赤壁旧垒在目，禁不住思接千古，将周瑜和自己相比。火烧赤壁时，周瑜为都督，上得主公信任，下有群僚敬畏，雄姿英发，春风得意，年仅 34 岁。而自己，47 岁，华发早生。乌台诗案，朝廷见疑；湖州谢表，小人构罪。侥幸贬官黄州，谈什么建功立业！徜徉江畔，激愤满胸，不觉红日西沉，月兔东升。天上一轮，波森森，穿云破雾；水中一轮，光闪闪，破碎迷离。江水浩荡，万物载沉载浮；时局动荡，前途忽暗忽明。"人生如梦"！他禁不住长叹一声，倾洒一杯酒，聊以自慰。显然，苏轼游赤壁的感情是复杂的。"人生如梦"，这是理想的浪花在现实的硬壁上撞碎了的哀叹，是逸气豪情、鸿图大志无法施展的婉词。这中间既有苍凉落寞失去自我的凄凉，也有淘尽风流、奋发进取的高亢。

4. 教师总结：在黄州的苏东坡是成熟了的苏东坡。这种成熟是一种不再需要对别人察言观色的从容；一种终于停止向周围申诉求告的大气；一种不理会哄闹的微笑；一种洗刷了偏激的淡漠；一种无须声张的厚实；一种并不陡峭的高度。

——余秋雨

[互动设计 7]

拓展延伸

1. 教师过渡语：同学们，面对这一位遭遇狂风暴雨后还能放眼大江，举酒赏月的乐观、豁达的旷世奇才，你想对他说什么呢？老师将倾听你们的高见。

PPT 展示：我有一语寄东坡

2. 学生自由发言。

3. 教师总结：在人生中还有比成功和幸福更重要的东西，那就是凌驾于一

切成败祸福之上的豁达胸怀。

[互动设计 8]

在读中赏——在赏中读

学生有感情地朗诵全词。

[互动设计 9]

布置作业

完成本课《步步高》上的练习。

《念奴娇·赤壁怀古》教学反思

《念奴娇·赤壁怀古》这首词是千古名篇,关于这首词的优秀的教学设计更是不计其数,通过大量阅读资料以及认真探究文本后,我用了朗读、讲解、分析、讨论等教法。在总结这些经验之后,我进行了完整的教学设计。教学后,经过反思,总结以下三点:

一、情景创设环节是成功的

开头由苏轼的《自题金山画像》引出曾经学过的关于作者的名篇名句,师生共同背诵。再加上著名朗诵家的配乐朗读,ppt 再展示优美的画面,就将那种略带苍凉的豁达、乐观的情感表现得淋漓尽致。

二、在读中赏——在赏中读

把鉴赏与诵读结合起来,通过朗读、品评、分析、鉴赏,学习词的艺术手法。要求学生在诵读中赏析,在赏析中朗读,目的是引导学生通过语言这个载体自己去体悟诗歌的内涵,避免课堂上游离于学生感受之外的毫无诗味的理性分析,从而逐步培养学生对诗歌的鉴赏能力。

三、拓展探究

感受词人抒发豁达、乐观的豪壮情怀,培养学生的情操,这点是让学生自主、合作、探究地学习。学生观点新颖,课堂气氛活跃,教师总结到位。

（注：用此教学设计上的优质课在 2013 年获毕节市一等奖）

《我有一个梦想》教学设计与反思

教学设想:

打破课文的自然顺序,紧扣课文标题,采取中间"开花"法。

思维推进方式:

"我"有怎样的一个梦想?→"我"为什么会有这样的梦想?→怎样才能实现这一梦想?→当梦想实现之后将会怎么样?思路由"是什么"到"为什么"再到"怎么样",这样可以让学生更好地理解文章缜密的逻辑思维特点。这一课时主要是学习"我"有怎样的一个梦想?→"我"为什么会有这样的梦想?

教学手段:

多媒体提供有关的视频、音频、图片、文字辅助教学。

课时安排:

第一课时

教学目标:

知识与技能

1．了解演讲的背景和主要内容。

2．体会全文极富感召力的语言特点,提高语言表达能力。

情感态度与价值观

体会马丁・路德・金为理想献身的精神。

教学重点:

1．在反复朗读中学习梦想的内容,体会全文极富感召力的语言特点。

2．体会作者的思想感情。

教学难点:

学习作者运用排比来表达感情的方法,体会作者的思想感情。

教学方法：

1. 诵读法 在反复诵读中感悟体会，从而更好地理解全文。
2. 点拨法 点拨学生于"愤、悱"之时，引导学生自主探究。
3. 讨论法 积极倡导学生"疑义相与析"，培养合作协同的精神。

教学过程：

[互动设计 1]

由成功明星、球星及政治人物的图片引入在 16 世纪的时候，黑人的生活环境和背景。

1. 你能根据相关的图片及自己的预习来介绍本文的写作背景吗？
2. 学生自由答。
3. 教师明确：我们知道，从 16 世纪中期开始，欧洲殖民者就开始掳掠非洲黑奴，把他们贩卖到美洲为奴，以弥补美洲劳动力的不足。这种惨无人道的奴隶贸易持续了大约四百年。直到 1783 年，美国的建国者决定废除奴隶贸易，黑人的社会地位依然非常低下。南北战争之后，林肯总统签署了《解放黑奴宣言》，奴隶终于在法律上获得自由。 但一百多年后，20 世纪 50 到 60 年代，种族歧视和种族压迫现象依然十分严重。美国黑人依然是下等公民，挣扎在社会的底层，生活贫困，不能受到良好的教育，不能进入社会高层机构，不能参加投票和选举，不能和白人一样享有人格自由和活动自由。在南方的许多洲，商店、饭店、医院、公共汽车和火车里都有为黑人设置的隔离区。黑人儿童在单独为黑人开设的学校上学，在黑人儿童身上的教育经费只及白人儿童的四分之一。

马丁·路德·金的理想是"人人生而平等"，而现实生活却与这相去甚远。

在这样的情况下，马丁·路德·金发起了声势浩大的黑人民权运动，并成为最杰出的领袖。他曾在 21 个城市组织集会，发动黑人争取公民权利。1963 年，他晋见了肯尼迪总统，要求通过新的民权法，给黑人以平等的权利。1963 年 8 月 28 日，华盛顿特区组织了一次二十五万人的集会，要求种族平等。他向成千上万的黑人发表了一篇举世闻名的演说。他不用稿子而用充满激情的语言把自己对前途的看法告诉了听众，这就是"我有一个梦想"。由于马丁·路德·金从事黑人解放运动的工作，所以树敌众多。有一次，一枚炸弹爆炸，毁了他的房屋，1968 年 4 月 18 日——一个永远值得被所有人记住的日子，马丁·路德·金在田纳西州孟菲斯城被种族主义者刺杀身亡。

思维点拨：当现实不能令人满意、与理想相去甚远时，人便会产生梦想。马丁·路德·金就是在这样的社会现实下产生了他的梦想，他的梦想是什么？

请看课题：（PPT 展示课题）《我有一个梦想》。

[互动设计 2]

（一）学习《我有一个梦想》的具体内容。

赏析课文：

马丁·路德·金有怎样的梦想？

1. 让学生找出文中表达作者梦想段落范围（17～25 段），明确后集体朗读。

2. 教师示范朗读一部分。

3. 教师交代演讲要求。

4. 学生诵读，感受其激情、气势和氛围。

5. 问题：大家以为在这里应该抓住哪些关键词？请用最简洁的语言概括出作者的梦想。

学生思考作答。

教师明确：

关键词是六个"梦想"。

内容依次是：人人平等—拥有自由—拥有正义—消除歧视—黑人白人情同手足

简而言之：要求政府实现诺言，从政治、经济、文化上给予黑人真正的民主、自由与平等的权利。PPT 展示板书设计：

政治　　经济　　文化

民主　　自由　　平等

6. 听马丁·路德·金的音频朗读"梦想"的这一部分内容，并看视频。

①体会作者排比、反复等手法的运用。

②感受作者如长江大河滔滔奔涌，排山倒海的磅礴气势的演讲。

③体会马丁·路德·金为理想献身的精神。

结语：自由平等是人类永远的梦想，也是人类永不停息的追求。

（二）PPT 展示问题：这篇举世闻名的演说辞，它在形式上和内容上有什么特点？

1. 学生分组讨论交流并自由作答。

2. 教师归纳并用 PPT 展示：演讲辞的特点

· 三多：（形式上）

多用整句（排比，气势强大）

多用短句、呼唤语（感召力，煽动性）

多用修辞格（比喻、排比、反问等增强感染力）

- 五性：（内容上）

针对性：想民所想，讲民所不敢讲

逻辑性：评论和论辨要有雄辩的逻辑力量

思想性：顺应时代和社会发展

可讲性：上口入耳

鼓动性：激发情绪，赢得赞同

[互动设计 3]

课堂作业检测

（一）以水污染、空气污染、垃圾成山、沙尘暴为对象，请学生们也以"我有一个梦想"为题写一段排比句或几段排比段，表明自己对治理环境恶化的渴望。

1. 学生独立思考并把答案写在练习本上。

2. 教师用投影仪展示学生作业并评价。

[互动设计 4]

课堂小结

今天我们了解了梦想产生的原因，学习了梦想的内容，知道了作者高远的追求与不屈的精神。那么，这样美的梦想怎样才能实现？实现后又怎样？要知答案，请听下节分解。

《我有一个梦想》教学反思

《我有一个梦想》是一篇极富文学魅力的演讲。马丁·路德·金热情洋溢地讲述了自由、民主和平等的梦想。我上完本课时后，现将反思总结如下：

1. 打破课文的自然顺序，紧扣课文标题，采取中间"开花"法。先学习"我"有怎样的一个梦想？→ "我"为什么会有这样的梦想？

2. 在教法上我采用诵读法，朗读贯穿教学始终。通过对文中大量的排比、比喻语段的朗读、品味，让学生去感受演讲者那澎湃的激情对听众的感染力，那排山倒海的语言气势对听众的震撼力。学习演讲辞的特点，体会作者的思想感情。采用点拨法，点拨学生于"愤、悱"之时，引导学生自主探究。采用讨论法，积极倡导学生"疑义相与析"，培养合作协同的精神。

3. 拓展运用，让学生结合本文演讲辞的特点来写自己的梦想，并在课堂上分享学生的梦想，引导学生树立远大的理想。

4. 我用多媒体提供有关的视频、音频、图片、文字辅助教学，课堂生动有趣，气氛张弛有度，重难点突出。

总之，一节课上完后，达到了预设的目标效果。

《诗词炼字鉴赏》教案设计

【知识目标】

1．让学生学会鉴赏古典诗歌语言中的"炼字"。

2．让学生学会作答高考中诗歌鉴赏的"炼字"题。

【能力目标】

引导学生学习掌握古典诗歌炼字技巧，提高鉴赏古典诗歌语言的能力。

【情感目标】

激发学生鉴赏古代诗歌的兴趣，提高学生的审美能力。

【教学重难点】

1．怎样鉴赏"炼字"。

2．怎样作答高考中的"炼字"题。

【教学方法】

启发引导、合作探究、举一反三、实战训练。

【教具】

多媒体

【教学过程】

一、整体把握导入

诗歌鉴赏，高考时的四大模块是语言、形象、技巧、情感，而诗歌语言鉴赏的四大考点则是炼字、赏诗眼、品语句、赏语言风格。今天我们主要学习诗歌语言鉴赏之炼字。

二、理解炼字

1．所谓炼字，就是为了表达的需要，在用字遣词时进行精心的锤炼推敲和创造性的搭配，使所用的字词获得简练精美、形象生动、含蓄深刻的表达效果。这种对字词进行艺术化加工的方法，就叫作炼字。

2．炼字举例：有一天，黄庭坚在苏小妹家与苏轼闲谈，苏小妹出了一道题目，要求在"轻风细柳""淡月梅花"两句中各加一字，成为两句五言诗。请同学们替苏小妹"炼字"，看谁填得好，是否能超过苏轼、黄庭坚和苏小妹。

3．PPT 展示："轻风 ＿＿＿＿ 细柳，淡月 ＿＿＿＿ 梅花"

4. 学生当堂填字，教师点评。

5. 教师讲解：古人很讲究炼字，杜甫说："为人性僻耽佳句，语不惊人死不休。""推敲"的贾岛说：两句三年得，一吟双泪流。唐朝诗人卢延让《苦吟》诗云：吟安一个字，捻断数茎须。一字增辉，一字传神。高考中，炼字这一题型也常常出现，出现这类试题，我们怎样规范答题，怎样获得满分，下面我们就以课内诗歌为例讲讲。

三、课内示例

夜归鹿门歌

孟浩然

山寺钟鸣昼已昏，渔梁渡头争渡喧。

人随沙岸向江村，余亦乘舟归鹿门。

鹿门月照开烟树，忽到庞公栖隐处。

岩扉松径长寂寥。惟有幽人自来去。

（一）高考设题

1. 提问：对"渔梁渡头争渡喧"中的"争"字，你认为写得好不好，为什么？

（1）肯定"好"或肯定哪一个更好。

明确："争"字写得好。

（2）解释该字在句中的语表义和语里义。

明确："争"为"争夺"之意。

（3）把这个你认为"好"的字还原句中描摹景象。

明确："争"字描写了诗人听到山寺传来黄昏时的钟响，望见渡口人们抢渡回家的喧闹场面。

（4）点出该字表达了什么感情或烘托怎样的意境。

明确：表达了诗人在船上闲望沉思的神情、潇洒超脱的襟怀。

（二）炼字型提问

1. 提问方式：这一联中最生动传神的是什么字？为什么？

2. 提问变体：某字历来为人称道，你认为它好在哪里？

3. 解答分析：古人作诗讲究炼字，这种题型是要求品味这些经锤炼的字的妙处。答题时不能把该字孤立起来谈，要放在句中，并结合全诗的意境情感来分析。

（三）答题步骤

（1）解释该字在句中的含义。

（2）展开联想把该字放入原句中描述景象。（注意看这个字或者词有没有构成语法现象，有没有用到什么修辞法以及其他的表达技巧，如果有，也要写进去）

（3）点出该字烘托了怎样的意境，或表达了怎样的感情。

四、合作探究

南浦别

白居易

南浦凄凄别，西风袅袅秋。

一看肠一断，好去莫回头。

1. 前人认为，"看"字看似平常，实际上非常传神。你同意这种说法吗？为什么？

明确：同意。看，在诗中指回望。（步骤一）离人孤独地走了，还频频回望，每一次回望，都令自己肝肠寸断。此字让我们仿佛看到抒情主人公泪眼蒙眬，想看又不敢看的形象。（步骤二）只一"看"字，就淋漓尽致地表现了离别的酸楚。（步骤三）

（2014 年湖北卷）阅读下面这首唐诗，然后回答问题。

早 发

罗邺

一点灯残鲁酒醒，已携孤剑事离程。

愁看飞雪闻鸡唱，独向长空背雁行。

白草近关微有路，浊河连底冻无声。

此中来往本迢递，况是驱赢客塞城。

1. 请赏析"独向长空背雁行"中"背"字的表达效果。

明确："背"是背着，也就是方向相反。诗人独自一人朝着与返乡的大雁相反的方向前行，用返乡的雁反衬出客居边塞的诗人孤独寂寞的漂泊之感和浓重的思乡之情。

五、实战演练

1. 阅读下面这首诗，完成各题。

御街·秋日怀旧

范仲淹

叶飘香砌，夜寂静，寒声碎。真珠帘卷玉楼空，天淡银河垂地。年年今夜，月华如练，长是人千里。

愁肠已断无由醉，酒未到，先成泪。残灯明灭枕头敧，谙尽孤眠滋味。都来此事，眉间心上，无计相回避。

（1）有人认为"寒声碎"的"寒""碎"两个字用得极妙，你同意吗？请简述理由。（5分）

明确：同意。"寒"意为寒冷，"碎"意为破碎。（解释词1分）表现秋寒时节，秋叶纷纷坠地的无奈。（2分）体现了自己对孤寒处境的感受，寓情于景，渲染出寂夜中的悲凉寂寥的心情。（2分）

六、学会评分

1.阅读下面一首诗，然后回答问题。（5分）

山中留客

张旭

山光物态弄春晖，莫为轻阴便拟归。

纵使晴明无雨色，入云深处亦沾衣。

（1）请说说本诗第一句中"弄"字的表达效果。（5分）

答案展示："弄"字用拟人的手法，表现了"山光物态"在春日中所呈现出的勃勃生机，写出了万物活跃而又和谐的情态和意趣。

（2）教师评价：缺少"弄"的解释，"弄"即为"戏弄、逗弄"。其次，缺少感情的表述，应加上情感即作者对山中景色的喜爱之情。扣掉2分，只能得3分。

七、一课一得

答题模板：

（1）解释该字在句中的含义。

（2）展开联想把该字放入原句中描述景象。

（3）点出该字烘托了怎样的意境，或表达了怎样的感情。

八、高考提醒

多读诗歌，增加积累

掌握技巧，规范答题

九、布置作业

1. 完成《步步高 》上的相关练习。

板书设计：

诗词炼字鉴赏

答题思路 ——→ 释词义　明手法
答题思路 ——→ 描景象　表感情

四、班主任工作之感

班级管理制度——对事不对人

班主任是一个班级的组织者和管理者,当一个班主任容易,当好一个班主任,管理好一个班集体就不是一件容易的事情。要把班级管理好,需要班主任老师认真制定制度,用制度去管人,当然,还要学生心甘情愿的接受制度,这需要班主任老师公平、公正地对待每一件事,每一个人。每一个制度的制定都必须是班委成员参与制定,并且征求得全班同学的同意,最后再去执行,做到对事不对人。

我是2019届(4)班的语文老师兼班主任,那么,学生犯错后,我们就制定了这么一条班规:针对所犯的错误,写下3000字的情况说明及整改方案。下面是我的劳动委员董丽,因为她们寝室——707室不清洁而写的情况说明及整改方案。

敢于面对,勇于承担

高二(4)董 丽

尊敬的老班:

清晨,阳光还普照大地,可是,下午乌云密布,下起毛毛细雨,映照了我心情的转变。带着深深的歉意写下这篇文章。

中午,满怀欢心踏入公寓大门,黑板上"707未倒垃圾"映入眼帘,顿时心生歉意。上楼的脚步越来越沉重,这是我们八个人的"小窝",然而我却未尽到自己的职责。踏入寝室内,就想起一大早,我收拾好自己的东西,整理好自己的床铺便头也不回地离开寝室。我忘记了您的教导,养成出门前回头看的习惯,我对此深感愧疚。

"一屋不扫,何以扫天下。"它警醒了我,我连一个小小的寝室都弄得不清洁,又哪能使我们教室、校园清洁呢?哪能为国家做贡献呢?身为班委的我,没有起好带头作用，没有给新同学起到模范作用。还给班上留下了一个寝室不清洁这一污点，我为此感到羞愧。

高一时，我们寝室是全清洁，然而，升到高二的我们对自己的严格要求反而退步了，才刚刚开学没多久，我们的寝室就得了不清洁。理应说，高二的我们本该做得更好，维护好我们温暖的小窝，把它打扫得干干净净，看起来舒舒服服，可是，我们却把它弄得一塌糊涂，乱七八糟，完全不像高二学生所该做的。

寝室之所以不清洁，很大程度上是我们的态度不端正，放松警惕，以一种懒懒散散的态度去对待，没有把每一个细节都做得面面俱到。这是十分不正确的，这种消极的思想是一个高中生不应该具有的，这样低级的错误不应该发生在我们身上。但每个人都会犯错，希望老班给我们一个改过自新的机会，我们定会吸取本次教训，我们保证不会再有第二次。

雨滴滴答答地响着，洗刷着外面的世界，它似乎在告诉我，把我的寝室清理干净，让它保持亮堂堂的。雷声依旧轰轰地响着，震散空气中的尘埃，洗净一切污浊，它似乎在告诉我，心中要永远有保洁意识，震散自己懒散的状态，随时带走尘埃，留下清洁的寝室。闪电照耀出自己的光芒，带走这一片黑暗，虽然短暂，却在人们心中留存，它似乎又在告诉我，擦亮我的双眼，随时关注寝室卫生情况，在黑板上最清洁处永留我们的寝室号707。在这个风雨雷电交加的夜晚，让我懂得了如何使自己的小窝干干净净像闪电一样，保持寝室亮得如镜；要像风一样，带走尘埃，吹走一切寝室内的垃圾；要像雨一样，洗净一切的污浊。

"眼是心灵的窗户"，由此可见，保洁重在保护窗户，它就犹如我们的眼睛一样，我们必须好好爱护。门是衡量一个寝室是否干净的又一地方。所以我们的目标是擦干净的玻璃看上去就像没有玻璃一样，门就像新的一样。

脸是女生宝贵的一部分，所以阳台清洁是十分重要的，它越是干净对我们来说越重要。而且从一个阳台就可以看出一个人的行为习惯，可以当作别人学习的样本。习惯有两种：一种是优秀的习惯，用来给大家学习；另一种是恶劣的习惯，用来警告大家的。堆放洗漱的两层水泥板必须清洗干净，不能沾染一丝灰尘和一滴水，因为这里摆放的是我们的生活用具，直接关系到我们的健康问题。牙膏、牙刷、梳子、漱口杯一律统一品牌和式样，在水泥板上一字排开，牙膏和牙刷插在杯中，倾斜的方向要一致。洗脸毛巾也必须统一，并且不允许悬挂，必须按军被式样折叠，放置于统一的地方，做到整齐划一。

床是高中里与我们关系最密切的物品，因而我们一定要保证床的整洁，床单要铺好，用大头针固定好几个角落，让床单绷直绷紧，与格式样床单的线条要与床边的轮廓保持平行或垂直，枕头要放置于第二和第三个栅格之间，高矮要统一，每天起床后都要整理内务，以军被的要求，叠好被子并摆放整齐，寝室内两张桌子，桌面也必须保持整洁，不能摆放任何杂物，所有东西都必须做到桌子抽屉或每个人的柜子里，都必须保持干净整洁，各是各的，衣物是衣物，书籍是书籍，吃的是吃的，各放在一边，整整齐齐堆好。

　　我们永远是一个整体，对于同一寝室的 8 个人来说，我们更是密不可分的组成部分。因此这次的寝室不清洁，与我们每一个人都息息相关，我们不会推卸责任，既然是一个整体，就应该承担这个整体中的一切，包括它的好与坏、奖与罚，我们应该站在一起，老班作为这个大集体的领头人，为了管理好这个集体，会按照班规，对事不对人对我们进行相应的惩罚，这也是理所当然的，我们对此表示理解，也乐意承担。经过此次教训，我明白了生活的全部并不只是学习书本上的理论知识，更要学习生活上的知识，生活是我们真正的知识，生活博大精深，这次教训，让我们学会了保持寝室清洁的重要性。

　　"不以规矩，不成方圆。"一个班级需要班规来管理班上的每一位同学。也因为规矩让我规范了自己的行为习惯。触犯规矩，我心甘情愿地接受班规规定的一切惩罚，并以这次的惩罚严格要求今后的自己，一个人不能在同一个地方摔倒两次，所以我要反省，发现问题所在。

　　"真的猛士，敢于直面惨淡的人生，敢于正视淋漓的鲜血。"对于此次的教训，我要敢于面对，无论惩罚如何，我都会勇敢面对。

　　我们要安排一个严格、合理的值日表，并安排一个清洁标准，并认真严格按照标准去做，大家协商一致，每天互相监督，每天都在去上学之前检查床是否铺好、整齐，垃圾是否堆满，门口是否已经清扫干净，桌上的书是否堆放整齐，上面是否有杂物，保证寝室干干净净，整整洁洁。

　　缤纷花瓣染红天际，烂漫了笑颜和记忆，就在这片纷飞的樱花雨里，我已经明确了心意。当我在胆怯中害怕着的险阻，逆光处总有身影为我指路，不用担心受伤空洞的心如何填补，我们本就该一起欢笑一起痛苦。这是我们 8 个人的温暖小屋，一切困难险阻，我们都一起面对，创建一个干净、温暖、舒适的寝室，保证每天得到最清洁。

　　态度很重要，我们要改变我们的态度，我们不清洁，就是因为我们态度不端正。从今以后，我们要养成一个良好的行为习惯，端正态度，努力使寝室一直保持最清洁。

　　此致

敬礼

董 丽
2017 年 11 月

我认为这种班级的管理方式，有利于学生主动为自己的错误承担责任，有利于培养学生的认知能力。通过这几千字的书写，我们可以看出一个劳动委员，她对工作的要求和认真，她很"专业"，很能干。写几千字的说明和整改方案，可以提高学生的写作水平，增强学生的思想认识，养成良好的行为习惯。

另附其他学生写的两篇迟到说明及整改方案：

我的世界下了一场雨

——迟到说明及整改方案

高二（4）张涛

时间仿佛很快，眨眼间已过去了几个小时。但有些东西却发酵得非常缓慢，比如说错误。美好往往转瞬而逝，但错误却会让人耿耿于怀。十几分钟的差距便决定了命运。

政治中说事物之间相互联系的，而我今天所遭遇的事情正说明了这一点的正确性。

事情起源于昨天晚上，在经过一天的学习后我希望能早点睡觉，在做完一切应该做的事情后，我准备睡觉了，但想象中的疲倦却并没有出现，我感觉自己的精神很好，直到夜晚一点半，我也没有睡着，这让我感到很烦躁，但是越烦躁反而越睡不着。也不知是什么时候，在煎熬了一段时间之后，我终于睡着了。

如果说我在睡着时很安心，那么醒来后应该是很伤心，闹铃没有如往常一样响起，而手表上显示的时间却已是七点零九分。天哪，七点十分就要上课了，我根本没有办法在一分钟内赶到学校。

面对迟到这种事，心里要是不失落也不太可能。从我上学到现在，这是第一次迟到，我的心里还存在着质疑，不敢相信这个事实，但手表上的七点零九分却时时刻刻提醒着我这是事实，已经无法改变。是的，我迟到了，虽然这一切恍如做梦却又是真实。虽然我已经明知迟到了，但心里仍然渴望着能有解决的可能性，我已经来不及洗脸，穿上衣服，背上书包，便急冲冲地向着学校的方向跑去。

一路上我都在想自己的迟到原因以及后果。原因自然是很简单：睡过头了。但深究起来，却有着种种缘由，一个又一个疏忽导致了我今天的迟到。所谓智者千虑，必有一失。更何况我并不是智者。昨天晚上明明可以在十一点四十分左右睡觉，却熬到了十二点。在睡觉之前又没有将闹铃调大，即使在醒来时也还有想回去睡觉的冲动，小小的细节影响着全局的发展，一步错，步步错，纵然心中再后悔也无济于事，只能选择默默接受这一切。

对于后果，我也想到了很多。一个人犯错，往往会牵连到别人，我的迟到，也是人生路上不光彩的一笔。即使与自己脸面无关，但使班集体的荣誉受到了损害。这让我感觉到很失落，因为我的错误给别人造成了麻烦。一个人再怎么样犯错也不能让别人受牵连，这是一个人做人的基本准则。

即使我在路上不停地奔跑，但犯下的过错仍难以弥补，当我到达校门口时，我已经迟到了15分钟，15分钟，说长不长，说短也不短，但它却是折磨人的15分钟。如果能够早于这15分钟的话，或许就不是这样的结果了。但错了就是错了，我没有任何理由去辩解，我也不想去辩解，因为这没必要，自己种下的苦果是需要自己慢慢去品尝的。

作为一名学生，按时上课是我们分内的事情，但我却没有好好做到这一点，严重影响其他同学的上课。其实我完全可以避免这样的事情发生。也许在很多人看来，迟到是一件很小的事情，甚至可以有很多的理由来迟到。但是作为一名学生，一名重点班的学生，按时上课是不需要任何理由的。那些迟到的理由都是为自己的错误开脱的行为。那些开脱，只会让我们对小错误麻木，导致屡犯不改。

迟到，现在看来或许是一个小小的毛病，但是一旦形成了迟到的习惯，对我们将来的事业和人生发展都会造成极为严重的后果。如果在一场生意谈判中迟到，将会使我的事业失去信誉，如果在一场任务中迟到，将会使我的国家失去重要的财产。如果将来我做了老师，在一次课上迟到，将会使我的学生对时间的观念变得淡薄，那么，我就是误人子弟的千古罪人。

现在的我们往往对小错误感到无所谓，往往不能够正视自己的错误，但正是这样麻痹的思想，导致了错误行为的发生。刘备教导他儿子时曾经说过："勿以恶小而为之"就是说明在思想上要有防微杜渐的意识。这种意识在现在的我们心里过于淡薄了，今天这件事情的发生正是暴露了我们思想上的问题。

今天我认识到我错了，我错在违反规定迟到了。今天在这里我向我的老师，我的同学，我的父母说一句，我错了，真的对不起，让你们失望了。以前的我真是太傻了，总是对这一切不放在心上。但经历过后才明白，一个有自制力的人应该时时刻刻记住自己的天职和使命。我的这个错误思想如果不及时纠正，后果将会很严重。

在开学之时，学校就三令五申，一再强调校规校纪，提醒学生不要违反校规，可我却没有把学校和老师的话放在心上，没有重视老师说的话，没有重视学校颁布的重要规定，当成耳旁风，这些都是不应该的。也是对老师的不尊重。应该把老师说的话紧记在心，把学校颁布的校规校纪紧记在心。

事后，我冷静地想了很久，我这次犯错不仅给自己带来了麻烦，不能回学校和其他同学一样正常上课，耽误自己的课程。而且我这种行为给学校也造成了极其坏的影响，破坏了班级纪律、年级纪律、学校纪律的规定，而且给对自己抱有很大期望的老师、家长也是一种伤害。每个学校都应创造一个良好的学习环境来让学生学习，而学生也应为树立良好形象而努力，我也希望能有一个良好的学习环境，但是一个良好的学习环境靠的是大家来共同维护、建立起来的，而我自己这次却犯了错误，破坏了学校的良好环境，是很不应该的，若每个同学都这样犯错，那么是不会有良好的学习环境形成，对违反校规的学生给予惩罚也是应该的。在这段时间内，我想了很多，也意识到自己犯了错误，我应该为自己犯的错付出代价，我也必须去承担责任，因为它不可推卸。

这是我的第一次迟到，如果是惯性迟到的话，或许我作所有的忏悔都显得虚伪妄作。如果说迟到带给了我什么的话，我想说的只有两个字：后悔！对，就是后悔，后悔自己的所作所为，后悔自己做了别人的拖油瓶。

我今年已经接近于 17 岁了，早已不是两三岁的小孩了，迟到这种幼稚的行为本不应该出现，但它就是出现了。那么我会尽量去修补它，哪怕它最后终将不复最初的完美无缺。

如果说我的心情是深刻愧疚、懊悔和自责的话，那么我应该从中再寻找一些其他的东西，毕竟"吃一堑，长一智。"如果连总结错误并从中得到启示都做不到的话，那么同样的场景将会再现，迟到也变得如同家常便饭般随便，无法引起人的重视，更别说启发了。

古人常说："知错能改，善莫大焉。"我也应该纠正自己的错误，养成良好的习惯，好的习惯使人受益终生，而坏的习惯则祸害终生。小小的迟到如不及时纠正，必酿成大祸。

在经过反复思考后，我对自己迟到的原因从主观上进行了判断：一、时间观念很差，没有养成经常看手表的习惯；二、纪律意识观念薄弱。这一点我感觉比不上别人，为什么别人都不违反纪律可我却违反了纪律呢？究其原因，纪律意识观念着实比别人薄弱了不少；三、忧患意识不强。当违反纪律到达一定程度时，是会被责令停学的。我在平时应该想到这一步。不怕一万，就怕万一。一个人，多点忧患意识还是挺好的。

从现在开始，我决心改变这种生活状态，对于迟到我应该重视，我要纠正我的时间观念，强化我的纪律意识并增强忧患意识。我希望所有人能原谅我所犯下的错误，我会向你们保证，以后再也不会迟到了！虽然神马都是浮云，但我的保证不是浮云，这是我的第一次迟到，我会用自己的行动证明，这将会是我的最后一次迟到，它将不再发生。

这次的错误犹如一场雨，将我从美梦中淋醒，让我看清方向，不再迷路。

守时的重要性

——迟到说明及整改方案

高二（4）班 黄枫越

2017年11月27日，早晨6：30听见闹钟响起，睡意蒙胧的我毫不犹豫地将它关了，心想着——再睡五分钟，反正不会迟到的。结果7：19从梦中惊醒，发现天已亮，当看向闹钟的那一刻，我简直不敢相信自己看到的数字。

由于我的迟到，给老班带来了不少麻烦，大清早的，就给老班送来这样不好的消息。在此对老班说一句："对不起！"我已经深刻地反省了自己的错误，并保证下一次绝对不会再犯这样低级的错误，希望得到老班的原谅。从这件事中，我也得到了教训，并明白了守时的重要性。

我将自己迟到的原因列为以下几点：

1. 自从高二以来，每天早上变得很懒惰，听到闹钟后总想着再睡几分钟，长时间这样，导致了坏习惯的形成。其实每个同学都有这样的难题，但他们都能克服，一听到闹钟就会起床，不像我这样，对此，我感到很羞愧。

2. 快要进入冬季，被子里的温度与外界相比，简直是天壤之别。于是，一到早上便赖在床上不想起来。但一想到，老班每天早上本来可以在家睡觉，但仍然来给我们上早读课。我便发现起早简直不成问题。如果当时我能马上从被子里出来的话，就不会出现这样的局面了。

3. 老班每一天都在强调——冬天到了，天气冷了，大家要调好闹钟，准时起床。然而我却没有牢记。当看到别的同学迟到时，也想着自己是不会迟到的。结果有一天就轮到了自己，才发现不听老班言，吃亏在眼前。

4. 缺乏一定的耐力。列夫·托尔斯泰曾说："环境愈艰难困苦，就愈需要坚定的毅力和信心，而且，懈怠的害处也就愈大。"古人在极其艰苦的环境下尚且还能学习，我却因为起晚了这样本不该犯的错误，差一点错过早上的课程，父母送我来是学习的，而不是睡觉的，有的孩子连来上学的机会都没有，而我却没有好好珍惜。如果当时我一咬牙，从床上起来就不会这样了。

从以上几点原因来看，我深刻地认识到了守时的重要性。学校之所以对迟到的同学严肃处理，就是为了让广大学生明白时间的概念，如果今天是一场公司面试，我一定会因这个失误而直接出局。守时还体现了一个人守信用的程度，是一种修养的体现。显然，这些我之前都没有认真体会过，才会这样。

在此我也保证再不会有下一次，为了更好地实现这一目标，针对以上几点原因，我也找出了几点解决方法。

1. 以后每一天，只要一听到闹钟响，就立马起床，不可再怀有"再睡几分钟，不会迟到的侥幸心理"。同时也要让母亲监督，只要一不起来，就把我的被子掀开。但相信有了今天的教训后我不会再睡过头。

2. 可以多调几个闹钟，以防万一，努力克服自己的懒惰心理，要想到大家都是一样的，别人可以做到的，我也可以做到。回想起，过去很多天，每天我到学校时会发现很多同学已经到了，当时很佩服他们，现在才明白他们都是有极强意志力的人。其实很多时候，咬咬牙坚持一下也就过去了。

3. 睡觉时间要把握好，不可以天天熬夜，就算第二天没有迟到，听课效率也不高，对自己的大脑也不好。虽说高二学习压力大，作业也比高一多，但方法总比困难多，一定是学习方法不当才会熬夜。其实仔细观察一下不难发现，学习成绩好的人都是劳逸结合的，让人觉得他们是真正的快乐学习，这样的学习更有效。

4. 这是我从小学起到现在第一次迟到，也将是最后一次。我将牢记这一承诺，也希望老班做见证人，我将和过去懒惰的自己说再见，向未来勤奋的自己奔去。所谓——吃一堑，长一智。犯错并不可怕，可怕的是不能从中汲取经验，明白自己错在哪里。在以后，我一定会尽自己最大的努力做到守时，绝不延误半分。

5. 坚持早睡早起的好习惯，任何好习惯都是需要长时间积累才可得到的，从今天开始行动，不久后便会自然而然地养成。这样的好习惯也将对学习有益，大大提高学习效率。只有找到正确的学习方法才可以学得更好。

以上是我的目标，虽不能每一条都做到最好，但必定一一尽力实现。

人们经常说："有了第一次就一定会有下一次。"但我保证绝对不会再有下一次，希望老班念在我是初犯的分儿上，原谅我这一次。同时也非常感谢老班的宽宏大量，不然我将错过新课程，将会离别的同学又远了一步，想追上来会变得很困难。再者，这次月考也没考好，我觉得跟最近很懒惰有关。这次教训，可以让我远离懒惰，说不定成绩还会有一定的提升。

生活就是这样，只有经历很多次失误，才能得到很多宝贵的经验，以后人生路上才会少些坎坷，这次迟到教会了我很多东西，让我感到受益匪浅，在以后的生活中我将会避免这样的问题出现。

记得老班您问我是否要写三千字的说明及整改方案，我毫不犹豫地认为自己该写。我觉得三千字虽然从数量上听着有些多，但却是一个让我反省自己的错误，并找到解决方法，表明自己决心的好方式。毕竟是我犯错在先，古人云："一屋不扫，何以扫天下？"如果不注重这样的小细节，将会带来严重的后果。因此，我愿意以写整改方案来给自己一些惩罚，这样也有利于改正错误。

希望老班相信我改正错误的决心，并给我一定的时间去证明，我一定会用自己的行动去证明。我非常庆幸可以做老班的学生，可能别班同学犯错了，他们的老师会不管他们。但老班却可以借此教给我们做人的道理，这就是真正的教学，真正的素质教育！让我受益无穷。

在以后的每一天，我将随身佩戴手表，因为时间很重要，守时更重要，我一定会努力做到绝不迟到半秒，绝不会再让老班难为，老班一天为我们的学习而费心，如今还要为我这些琐事费心，对此，我感到十分羞愧。我本该认真学习，遵规守矩不让老班费心的，如今却如此，实在不该。

这长长的三千字代表我向老班道歉的诚意，同时我也感到很对不起父母，他们工作繁忙，好不容易可以好好休息一下，如今又要大早上被我吵醒，为我着急，担心我不能学到今天早上的新知识。作为他们的女儿，我不仅没能孝顺他们，反而还让他们担心，实在是不孝啊！今后我绝不会让他们再因这样的事为我担心。

同时我感到很对不起整个班集体，我差点因为自己的失误给班集体抹黑，作为高二（4）班的一员我本该为这个班集体争光，如今却迟到，这令我很惭愧。今后，绝不容许这样的情况出现，只为班级争光，不使班级蒙羞。作为重点班的同学更应该如此。

最后，再次向老班说一声："对不起，老班。"愿我深深的歉意可以从字里行间传达出来，来到您身旁。希望您相信枫越可以成功地牢记这次教训，改正错误并牢记住守时的重要性。我相信我不会再让您看到我写的整改方案了。

其实，这样的情况说明及整改方案，除了上述笔者认为的好处外，还可以让班主任更好地了解学生的情况和思想，能够增进师生的情感。我每读一篇情况说明及整改方案时，都让我感动和佩服。感动学生深刻的认识，真挚的情感，佩服学生清晰的思路，流畅的文笔。她们所犯的错误，早已被我原谅。写得好的文章，我还会在班上读给同学们听，与大家分享。当然，学生们也不会因此而再犯错，毕竟几千字的说明及整改方案，对高中生来说还是不易写的，不但要把情况说明清楚，写出整改的方案，而且要写得工工整整，干干净净。从文章中，大家都读得出来，学生们有很强的集体荣誉感，对自己所犯的错都感到很内疚。所以，不用担心学生为了出风头而故意犯错。学生犯了错，只要班主任老师先定制度，后执行，对事不对人，学生们都能接受惩罚，并且认识自己的错误，改正自己的错误，这样，就可以形成一个很好的班风和学风，班主任对班级的管理也轻松愉快。

行为习惯教育

所谓行为习惯，就是人们在生活中经过重复练习而养成的语言、行为、思维等习以为常的，具有稳定性和自动化的一种行为方式。良好的行为习惯养成是中小学德育工作的重点，它的成功与否体现教育的成功与否。作为育人主阵地的学校一定要注重学生行为习惯教育，学生在校也必须养成良好的行为习惯。

英国教育家洛克曾说"习惯一旦养成之后，便用不着借助记忆，用不着思考，很容易很自然地就能发生作用了。"弗朗西斯·培根也说："习惯真是一种顽强而巨大的力量，它可以主宰人生。"可见，行为习惯教育的重要性，在学校教育工作中，学生行为习惯的好坏直接关系到一个学校的形象，关系到一个学生的前途，也在很大程度上反映着一个学校的管理理念与教学质量。笔者认为学生良好行为习惯的养成，离不开教师精细化的管理，学生在教师精细化的管理下，也必然养成行为习惯精细化。

第一节　班级习惯精细化

本杰明·富兰克林曾提倡，人要养成十三条好习惯：（1）节制。食不过饱，饮酒不醉；（2）慎言。言则于人于己有益，不作无益闲聊；（3）秩序。各样东西放在一定地方，各项日常事务应有一定的处理时间；（4）决断。事情当做必做，既做则坚持到底；（5）俭朴。花钱须于人于己有益，即不浪费；（6）勤劳。不浪费时间，不去关注那些无聊的言论，每时每刻做有用之事，戒除一切不必要的行动；（7）诚恳。不欺骗人，思想纯洁公正，说话也应诚实；（8）正直。不做不利他人之事，切勿忘记履行对人有益的义务而伤害他人；（9）中庸。勿走极端，受到应有的处罚，应当加以容忍；（10）清洁。身体、衣服和住所应力求清洁；（11）宁静。勿因琐事或普通而不可避免的事件而烦恼；（12）贞节。做事有度，勿伤害身体或有损自己或他人的安宁或名誉；（13）谦虚。谦逊，不要傲慢。

本杰明·富兰克林一生践行着这十三条好习惯，他被认为是历史上最有智慧并最为务实的人之一，成为美国科学家、物理学家、发明家、政治家、社会活动家。但是，他竟然只读过两年学，在他去世100多年以后，世界上最好的大学仍然在向他致敬！如果这十三条好习惯对一个只受过两年教育的人都管用，那么我们要是不试试，实在是不明智。这十三条好习惯，笔者每教一届学生，都会抄给学生，并做详细讲解，学生也认真领会。

于是，在班级管理中，笔者把本杰明·富兰克林的一些习惯教给学生，学生也一直践行着这些好习惯。比如生活有秩序，各样东西放在一定的地方，各项日常事务应有一定的处理时间。

讲桌上干净整洁，贴上班上同学的座次表，以及照片和名字，便于教师点名或认识学生。

课桌摆放整齐，运用两片书架把书和资料摆放有序，利于学生翻阅查找。

    图书角秩序井然，挂的资料要体现美感，窗帘一律不允许挽起，垂直向下，墙上挂的字画一定要端正、对称。

    讲台、讲桌上一律不能出现粉笔灰。一节课下课后都必须有保洁员清理打扫。班级管理精细化，让学生养成良好的行为习惯。

    全班同学都必须养成节制、慎言、秩序、决断、俭朴、勤劳、诚恳、正直、中庸、清洁、宁静、贞节、谦虚的行为习惯，这样就可以营造健康积极的班级风气。

第二节　学习习惯精细化

    《新课程标准》指出："教师要指导和帮助学生养成良好的学习习惯，掌握有效的学习方法，培养自学能力。"这就要求各学科教师以规范细节为突破口，从课前预习，课上听讲与主动学习，课后规范训练等方面狠抓学习习惯的养成教育，通过对学生学习方法的指导，帮助学生学会学习，帮助学生不断克服自身缺点养成良好学习习惯，形成良好的心理品质，促进学生成长。

著名教育家叶圣陶先生说："教育就是培养良好的习惯。"笔者就谈谈在学生的学习习惯养成中，我们怎样达到精细化？

一、组长负责行为习惯精细化

在教学中，把一个班分成十多个学习小组，这些小组的学习任务和学习情况都由课代表安排管理，一个小组中，也由一个人负责三个人的学习任务检查，每天小组长向课代表反映，课代表向老师反映，环环相扣，关注每一个，不漏一个。形成一个管理严密，各负其责，人人有责，人人参与管理的行为习惯。教师要养成的行为习惯则是充当同学们的"教练""导演"，让学生的自主能力得到充分发挥。教师掌握学生学习态度、情况，关注每一个学生，做到精细化管理，学生不愁成绩。

二、学生精力充沛行为习惯精细化

学生精神状态好，容易进入学习状态，而学生的精神状态必须从起立抓起。学生上课前喊"起立"喊"励志语"，既不是作秀，也不是卖"噱头"，这是十分必要的。任课教师走上讲台，环顾学生，还礼示意学生坐下，动作虽简单，但它会起到积极的作用：

（一）整治课堂秩序的作用

随着一声"起立"，几句"励志语"，同学们齐刷刷地站起来再坐下，学生的"一切活动"都会伴随着"起立"声和励志口号而停止，这就起到了整治课堂秩序的作用，让学生快速进入学习状态。

笔者从2015年3月开始在我任教的班级拟定励志口号，提升学生精气神，形成班级文化。比如2019届（1）班和（4）班的励志语：青春无畏，逐梦扬威；扬帆把舵，奋勇拼搏；2016届（9）班和（22）班的励志语：吾志所向，无往不前；勤奋拼搏，超越自我。这些励志语学生喊得铿锵有力，热血沸腾，不但学生有了精、气、神，也喊得我们教师激情满怀。这些励志口号天天喊，节节喊，养成习惯，让学生快速进入正课的学习状态。

在此，我倡导大家把"起立"和"励志语"喊起来，让学生形成精力充沛的习惯。

（二）"尊师重传，礼仪教化"的作用

"人而无礼，焉以为德？"现在学校的高楼越来越多，但礼仪越来越少，教师和学生越来越多，但师生间的关系越来越冷漠。所以，通过喊"起立" 喊"励志语"这种形式，能起到一定的师生情感交流，礼仪教化的作用。

三、学生预铃"三分钟"朗读行为习惯精细化

三分钟的预备铃不是可有可无的"装饰品"，课前三分钟可以调节学生的心理环境，改变传统教学的沉闷死板，给学生以新意，激发学生的学习热情，增添课堂教学的趣味性、生动性，有利于学生很好地进入学习状态。

比如，课前"三分钟"，让学生进行朗读，并且让学生全体起立，站着放

声朗读，把这种良好的学习习惯践行下去，学生就会收获丰富的知识，陶冶了情操，提升了能力。"贵在坚持"，习惯就成了自然。

四、学生课堂行为习惯精细化

著名教育家叶圣陶先生在《改变学风》中指出："大凡传授技能、技巧，讲说一道，指点一番，只是个开始而不是终结。要待技能、技巧在受教者身上生根，习惯成自然，再也不会离谱、走样，那才是终结。"叶圣陶先生的这句话告诉我们，教育就是要帮助学生养成良好的学习习惯。学生在课堂上应该养成哪些良好的行为习惯呢？

（一）学进去

学生一进入课堂就应该养成良好的学习习惯，做到入室即静、入坐即学、入学即专。"入室即静，入坐即学"就是指学生进入教室，就要安静下来，不要讲话，坐在位置上，开始学习，一开始学习就必须右手提笔左手放在桌上进入学习状态。这就好比将军带领士兵大练兵一样，一开始训练，就必须要求士兵用行动说话，舞刀舞枪，在阵地上搞得热火朝天，这才达到练兵的目的。我们在课堂上训练学生也是一样的道理。"入学即专"就是指学生一开始学习，就必须专心，心无旁骛，做到脊背挺直，两眼放光，两耳竖起。运用杨帆校长提倡的启动式目标教学法，让学生动脑，自己去思考；让学生动眼，自己去观察；让学生动嘴，自己去表达；让学生动耳，自己去接收；让学生动手，自己去书写。一定要让学生养成静下心，学进去的良好习惯，否则，正如俗语云"五心不定，必然输得干干净净"。

诸葛亮说："非学无以广才，非静无以成学。"一个人只有心无旁骛，专

心致志，静心学习，将自己的所有感官、肢体调动起来，才能达到高效，才能有所创造，有所成就。

下面送大家几句名言：

> 非淡泊无以明志，非宁静无以致远。夫学须静也，才须学也。——诸葛亮
>
> 水静极则形象明，心静极则智慧生。——《昭德新编》
>
> 为学第一工夫，要降得浮躁之气。学者万病，只一个静字治得。——吕坤
>
> 内心宁静而后才能泰然安稳，泰然安稳而后才能行事思虑周详。——《大学》

榜样的力量：

大方一中 2015 届的何娇同学以总分 650 分的优异成绩荣获毕节市理科高考状元，成为 2015 年毕节市被清华大学录取的唯一的"天之骄女"，成为全县乃至全市人民的骄傲。

何娇当年的中考成绩在全县排 123 名，被大方一中录取后，在校排名 42 名，高考时却成为毕节市理科高考状元，是什么让何娇同学取得如此优异的成绩？这缘于她那文静的表现，她是一个毫不张扬的人，做事踏实稳重，看她感觉不到一丝的烦躁，更感觉不到喧闹，她总是静静地学习。省联考时，她的成绩已名列前茅，但你根本感觉不到她为此的兴奋与张扬，还是那么静、那么静地应对高考。成绩出来后，她依然保持着沉静与大度！这就是清华所需的人才，这就是静能生慧！

（二）写下来

在课堂教学中，让学生养成写下来的好习惯十分必要。教师上课时让学生把重难点概括提炼写下来，规范练习写下来，错题重做写下来。因为写下来才会精确，写下来才会深刻，写下来才会严谨，写下来才会智慧，写下来才会永恒。

（三）讲出来

课堂学习，不但要让学生学进去，写下来，还要让学生养成讲出来的好习惯。让学生把听懂的知

识，真正消化和吸收变成自己的东西，还需学生讲出来。首先，上课老师讲得再精彩，那只是老师的知识和思路。如果不让学生养成讲出来的习惯，就像让学生在岸上学习游泳是一样的道理，学生动作再准确，如果不下水体验水性，永远也学不会游泳。其次，只有学生有根有据地讲出来，才能表明学生知识的准确性和思路的连贯性。最后，让学生讲出来后，学习的目标更具体、更明确，学习的效果更显著。俗话说："宁要好梨一个，不要烂梨一筐。"锻炼每一个学生讲出来的能力，培养每一个学生的自信心，让学生把已学知识内化于心，真正成为一个好"梨"。

其实，"学进去，写下来"只是学生对讲课教师感悟的认可，是知其然，而"讲出来"却是学生自身对知识的理解和感悟，学生不仅知其然，还知其所以然。所以只有做到"讲出来"才能最终提升学生的学习成绩。因此，我们在课堂教学当中既要培养学生"学进去，写下来"，又要培养学生"讲出来"的良好习惯，这样才能达到叶老先生说的：技能、技巧在受教者身上生根，习惯成自然，再也不会离谱、走样，那才是终结。

下面给大家看几所高校图片，让学生快速养成"学进去，写下来，讲出来"的良好学习习惯，为走进自己理想的大学而奋斗！

第三节　寝室习惯精细化

寝室是学生学习、生活和思想交流的重要场所，让学生养成良好的行为习惯至关重要。寝室里让学生养成洁、整、美、雅、轻、让的行为习惯，实行精细化管理，我们便可以收获一个舒适优雅的居住环境。

"洁"即宿舍地面、墙面、门窗、桌椅、水池、卫生间、洗手间等均无垃圾、灰尘和蜘蛛网，必须干干净净，无怪味、异味，空气清新。

"整"即铺上、床下、日用品等物品整齐有序。被子折叠与枕头一般长；毛巾晾成一条线；床上无其他杂物；床下鞋子摆放一条线；牙膏牙刷一边倒；学习用具摆放整齐；个人衣物叠放整齐。

"美"即房间内可张贴名人名画、个人作品，摆放绿色盆景、工艺品等，布局布置美观，体现艺术性，给人以美感。

"雅"即寝室的名称、宿舍舍训以及寝室的整体布置尽量展示本宿舍的风采，讲究文化韵味，体现以"诚、善、礼、雅、爱"为主题的国学精髓。寝室内不得张贴影星、歌星、生活照、剧照等。

"轻"即低声脚轻。尊重他人，考虑他人感受。

"让"即礼让，同学间要互相谦让、包容，与室友和谐共处。

看，这就是 2019 届 (4) 班的习惯成果：

附1：从小应养成的行为习惯

1. 举止文明的习惯　　2. 诚实守信的习惯
3. 尊重他人的习惯　　4. 守时惜时的习惯
5. 懂得感恩的习惯　　6. 勤俭节约的习惯
7. 遵守秩序的习惯　　8. 勤于动手的习惯
9. 锻炼身体的习惯　　10. 讲究卫生的习惯

附2：良好行为习惯名人名言

习惯若不是最好的仆人，便就是最差的主人。——爱默生

起先是我们造成习惯，后来是习惯造成我们。——王尔德

播种一个行动，你会收获一个习惯；播种一个习惯，你会收获一个个性；播种一个个性，你会收获一个命运。　——普德曼

心若改变，你的态度跟着改变；态度改变，你的习惯跟着改变；习惯改变，你的性格跟着改变；性格改变，你的人生跟着改变。——马斯洛

良好的习惯乃是人在神经系统中存放的道德资本，这个资本不断地增值，而人在其整个一生中就享受着它的利息。　——乌申斯基

习惯形成性格，性格决定命运。——约·凯恩斯

人喜欢习惯，因为造它的就是自己。——萧伯纳

习惯，我们每个人或多或少都是它的奴隶。——高 汀

习惯是一条巨缆，我们每天编结其中一根线，到最后我们最终无法弄断它。——梅茵

好习惯养成了，一辈子受用；坏习惯养成了，一辈子吃亏。 ——叶圣陶

每天务必做一点你所不愿意做的事情，这是一项最重要的准则，它可以使你养成认真尽责而不以为苦的习惯。——巴尔扎克

不良的习惯会随时阻碍你走向成名、获利和享乐的路上去。——莎士比亚

（注：大方一中思政处根据学校要求出一本教育读本，笔者荣幸被安排完成"行为习惯教育"这一板块的写作。既然成文，便把其编在此集子中，与更多的人分享。为了本文的完整性，所以本文有部分观点已在集子中的一两篇文章中出现过，望读者理解）

网络环境下高中班级管理的创新策略探析

摘要： 随着新课程改革进程的不断推进，教师面临着教育教学的更高要求。在高中班级管理的过程中，教师需要采取科学有效的方法，使学生自我管理并获得更好的发展。目前，教师在进行班级管理的过程中，还存在着很多的问题，这些问题阻碍了学生的发展。本文将探讨在网络环境下高中班级管理的创新策略。

关键词： 网络环境　高中班级管理　创新策略

随着信息技术的快速发展，人们生活的方方面面都离不开网络。在高中班级管理的过程中，科学合理地利用网络，可以有效地激发学生的学习兴趣，促使学生主动积极的学习。除此之外，在班级管理中应用互联网还能够促进师生之间的交流，增进师生之间的感情，使学生得到更好的发展。

一、创新管理工具，充分发挥办公软件的作用

在日常办公中，Office 是最常用到的办公软件。在高中班级管理中，充分应用办公软件能够使得班级管理更加高效，更加智能化。教师在进行班级管理时，要充分发挥办公软件的作用：教师可以用 Word 对学生的基本信息进行总结和归档，在学生入学之初，教师就要收集学生的信息。例如，学生姓名、性别、年龄、民族、出生年月日、父母及房东的联系方式和学生的主要社会关系等。录入这些学生的基本信息可以为今后的班级管理工作打下坚实的基础；教师还可以利用办公软件对学生在校期间的各方面表现进行记录。比如，学生的课堂表现、作业完成情况、自习效率及学生的奖惩情况等。记录学生在校期间的表现，使得教师更加了解学生，从而更有针对性地管理班级；教师还可以利用办公软件编辑班级日记。班级日记包括：学校、年级或者班级的各种会议内容，班级事迹，班级奖惩情况，学生的考试成绩，班委名单及变更情况等。教师在对学生的在校表现进行评价时，要制定科学合理的评价体系。在制定评价标准时，要充分尊重学生的意见，使得评价机制受到广大学生的认可，从而激发学生的学习兴趣。教师可以用 Excel 对学生历次考试成绩进行总结和记录。高中生面临着严峻的升学压力，高考对于每一个高中生都很重要，因此教师应该认真总结学生的成绩。教师应该将学生历次大型考试的总成绩、各科成绩、班级排名、年级排名、

学生成绩的波动情况进行记录，并且认真地进行分析和总结。教师通过学生成绩的波动发现他们在学习中出现的问题，从而能够及时地对学生加以指导。教师还可以利用班级优化大师进行考勤、点名、点评、加分、分组等。

二、创新交流平台，发挥网络平台的互动探讨作用

虽然学生在高中阶段身心已经发育成熟，但是由于社会阅历的不足，使得他们对事物的见解还不够全面、客观。对于那些心理调节能力比较差的学生来说，一旦学习压力变大，就很容易受到打击。互联网具有较强的交互性和开放性，教师可以充分利用互联网的这些特点，通过网络加强与学生之间的交流，从而更有针对性地的对学生的心理状态进行疏导。例如，教师可以充分利用QQ、微信、邮箱或者博客这些网络平台，增进与学生之间的沟通。教师可以向学生和家长公布自己的QQ号和微信号，告诉学生如果在生活和学习中遇到困惑可以随时与班主任进行沟通，如果有一些不方便说的烦恼，可以匿名向班主任倾诉。教师要建立一个班级的QQ群，让同学们在班级QQ群里交流，这样可以使得教师更加了解班级情况，也更有利于教师进行班级管理。过年过节时还可以通过QQ群、微信群发红包给学生抢，发一些正能量的口令红包，让学生通过抢红包受到教育，拉近师生之间的距离。通过这些社交平台进行班级管理，可以有效地增进师生感情，促进师生间的沟通。教师还可以在微信上创建一个班级的微信公众号，在班级微信公众号中发布一些班级的重要通知，通过发布班会内容、班级活动照片等来宣传班级文化，使得班级更有凝聚力。教师不仅要为学生传道授业解惑，还要成为学生的倾诉者。教师要构建师生交流的桥梁，使用科学、有效、合理的班级管理方法使得学生能够健康快乐的成长。

三、创新资源利用，引导学生形成正确的价值观

高中阶段是学生塑造正确的人生观、世界观和价值观的重要时期。教师应该充分利用校园网络引导学生树立正确的价值观和人生观。教师可以通过校园网络发布一些学校的好人好事、社会上发生的充满正能量的事情，让学生受到潜移默化的影响。可以通过互联网加强学生的思想道德认识，积极在班级开展正能量的活动。例如，由中共中央宣传部、中央文明办主办"中国文明网"就是一个优秀的教育平台，网站上设置的《道德模范》《中国好人》《志愿服务》《美德少年》《时代楷模》栏目里，一篇篇充满网络正能量的文章，鲜活的事迹非常具有感染力，教师推荐学生去登录这样的网站，建议学生向那些优秀人物学习。甚至把自己班级的学生中的优秀事迹向有关网媒推荐，如能发表，对学生本人和其他同学都有很强的激励作用。还可以在学校微博上发布一

些关于价值观的活动，比如，演讲比赛、辩论比赛或者主题征文比赛等，鼓励学生积极参与这些活动，通过参加比赛的形式，形成正确的网络价值观。教师在平时上网时，要注意收集国家权威部门或者机构发布的网络资源，并将它们下载下来进行分类以备不时之需。在谈及学生安全问题时，教师可以充分利用网络资源教导学生在各种危机情况下如何自救，在日常生活中如何避免一些险情的发生，利用网络资源能够大大提高教育效果。《央视国际》有一期节目主要探讨如何保护青少年，教青少年在水灾、火灾、地震等险情下如何自救逃生，在遇到绑匪时如何保护自己的生命健康。这期节目与涉及安全问题的主题班会很贴合，教师可以将这一网络资源下载下来，在安全主题班会上播放给学生们看，让学生掌握在危险的情境下的逃生技巧，从而增强学生的安全意识。在信息网络时代，正确合理地使用网络资源让班级管理效率大大地提高。

四、结束语

在网络环境下创新高中班级管理具有重要的意义，教师在进行班级管理时，要充分利用网络资源，帮助学生正确地认识网络。教师需要采取科学有效的方法，使学生自我管理并获得更好的发展。教师应该积极想办法应对当前高中班级管理过程中存在的问题和不足，积极创新高中班级管理方法，提高班级管理效率。利用网络资源加强师生之间的交流，增进师生感情，强化班级管理。在班级管理过程中，教师应该充分利用办公软件对学生的基本信息、班级的信息和学生的在校期间的表现情况进行记录和归档。使用电子归档可以有效地避免纸质归档时出现的丢失和破损的问题。创新交流平台，加强与学生之间的交流沟通。高中阶段是学生塑造正确的人生观、世界观和价值观的重要时期。因此，教师应该充分利用网络资源引导学生树立正确的人生观、世界观和价值观。在实际管理过程中要不断地创新管理方法，从而提高班级管理效率。

参考文献：

[1] 葛秀军 . 谈互联网时代如何创新高中班级管理 [J]. 新课程 ,2013(11)：26-27.

[2] 张达勇 . 与时俱进使班级管理走向信息技术化 [J]. 科学咨询 ,2012(33)：13-14.

[3] 王喜纯 . 浅谈网络资源在班级管理中的应用 [J]. 科教导刊 ,2013(3)：61-62.

[4] 朱学尧 . 高中班级自主管理存在的问题及改进策略 [J]. 学校党建与思想教育，2013（5）.

班主任管理工作中存在的问题探索

摘要： 学生的心理健康、素质状况，以至教学管理和教学质量都深受班主任管理工作的影响。在这样的背景下，更需要班主任深入班级，走进学生，兢兢业业做好班主任工作。当然，班主任在管理班级和学生的时候难免会出现一些失误，这就要求班主任重视自己管理工作中存在的问题，及时总结经验教训，不断对自己提出新的、严格的要求。为了让班级管理工作更有实效，我做了一些探索，尝试提出了新的管理模式。

关键词： 高中班主任　教师管理　学生问题　措施　探索

复杂和繁忙的管理工作对班主任来说，是一个非常大的考验。自己要对班级管理拿出新的认识，采用学生提出的合理建议，全身心地投入对学生和班集体的建设。学生真正所需要的，是班主任应该每时每刻关心的事情。学生渐渐走向成熟，而这个趋于成熟的高峰期就是在高中。学生心理发展逐渐健全是班主任在管理班级和学生时最重要的事，也是培养学生"三观"的基石。解决好学生在发展中的心理问题，学生的想法决定着一个班级风气的形成，所以，这就需要班主任发挥重要的作用。但是，人很难做到完美，所以在一些客观因素的影响下，班级管理事实上还存在着一些小问题，影响着我们的班级和学生。

一、班主任管理工作中的问题

（一）班主任缺乏应有的责任心

有一些班主任仅仅是为了谋生才选择了教师这一职业，而另一些则认为班主任每天都要面对繁重的工作和压力，付出得多，得到的回报却很少。班主任既要对学生的学习成绩负责，还要时刻注意学生的安全；但是学校的一些评比和考核却不够重视班主任的工作，种种原因使得教师对班主任的职位失去了信心，即使是面对学校的分配，也是消极应付、草草了事。对自己的本职工作没有了责任心，班级的管理方式落后，对待自己的工作不尽心尽力，学生也深受其害。

（二）管理方式上存在的不足

在我国现在的教育背景下，班主任大都只在乎学生的成绩发展，却忽略了学生的心理教育。这其实是国内大部分班主任所存在的共性问题，反观一些发达国家，他们的教师不仅重视学生的成绩，更在意学生的身心健康发展，我们应该知道，一个学生的好坏并不只看他的成绩，更应该关注他的性格和品格。班主任在对学生的管理中，不能只对学生的成绩变化进行了解，还应该和学生交心，和学生一起发现学习的问题，为学生量身打造适合他们自身发展的规划，孔子曾经说过，在教育学生的过程中，要因材施教，所以我们班主任也要如此。管理观念也是一个很重要的因素，一个班主任在管理班级时应有一把戒尺，而这把戒尺就是他的管理观念。为什么有的班级管理一直很不理想，那很大一部分的原因就是他的管理观念落后于现代教育的管理方式。班主任往往认为自己才是这个班级的管理者和执行者，但是他往往忽略了学生才是这个班级的组成部分，班主任不能只是把学生当作被管理的人，我们应该让学生亲自加入到班级管理当中，这样才能调动学生的积极性，发挥学生的潜能。也有一些班主任为了学生不惹事，采取强权管理，学生偶尔犯了错误，就惩罚写检查、叫家长等等，不能够真正地理解和体谅学生。或者没有认识到学生的差异性，用同一套方法和标准来要求学生。

二、对班级不足的改进措施

当班主任在管理班级时，应该慢慢对学生的自我管理进行引导，高中生的心理大部分已经处于发育成熟的阶段，所以班主任可以慢慢试着对他们进行开放式的管理，这样有利于高中生自己约束自己，也能为他们将来更好地生活、学习打下一个良好的基础。班主任可以经常召开班会，或者座谈会等有趣的活动，让学生对自己进行一个客观的衡量，并提出一些适合自己风格习惯的制度。让他们规划自己的未来，使得自己为自己的将来做好准备。我们的学生，每一个都是班级的建设者，是班级的管理者，这样他们才会更积极地的参加班级的活动，才会更尽心尽力地争取班级的荣誉。

高中这个阶段对学生的"三观"形成有着重要的影响，高中生的知识储备已经比较完善，对社会的认知也比较清晰，他们自身的思维也有了一个很大的飞跃。每个班级都是由许许多多青春阳光的青少年组成的，学生参差不齐，所以只有这几十个新生力量一起努力，才能使这个班级变成强大的凝聚体。而这些人需要有人领导才能发挥自己的力量，要不然也只是一盘散沙，班委就是领导这些新生力量的人。所以作为班级中坚力量的班委，他们的团结才是发挥力量的关键，班委也可以让学生采取答辩、投票的方式选取出来，给同学充分的自主权。让学生选出自己心仪的班委，如果优秀的同学很多，他们都想要为班级贡献一份力量，那也可以用分期上任的方式。就是选取责任心强、工作能力突出的学生轮流做班委，定期更换班委团队，充分地锻炼学生的积极性。在此期间，班主任也应该培养班干部，让他们养成负责的工作态度，学会自己克服难题的本事。但也要一碗水端平，不能因为他们是班委就特殊照顾，要公平公正地对待每一个学生。

高中生正处于发育的青春期，虽然相对来说比初中小学相对要成熟一些，但他们在生活中也不免有些烦躁和难题。所以班主任就要扮演一种更重要的角色，那就是他们心灵的导师，班主任要发自内心地把学生当孩子、当朋友。要用心聆听学生的烦恼，然后总结学生的想法，当自己可以很清楚地了解学生的想法时，再去劝导学生。班主任要积极地鼓励学生，使学生恢复自信，这样才能使班级形成良好的风气，使学生积极健康地发展。而且，班主任在循循劝导中一定要做到有耐心，要做到不急不躁，一定要把最好的状态给学生，用开阔的胸怀包容他们。

三、结束语

学生的心理健康和"三观"的形成深深被班主任的班级管理所影响着，班主任的任务实在很繁重。但是，身为一个教育者，只有自己用心地管理一个班级，才会使班级的发展变得更好，才会使学生的成长变得更好。虽然在班级管理的过程中会碰到重重的困难，但是，只要自己不放弃，只要自己努力，就可以使我们的班级变得团结向上，使我们的学生更加积极健康地成长！

参考文献：

[1] 韩贵平. 关于我国高中班主任管理的有效性探讨 [J]. 中国校外教育，2014（17）：3-5.
[2] 钱峰. 关于高中班主任班级管理工作的几点思考 [J]. 才智，2013（29）.
[3] 徐明. 高中班主任对学生心理健康指导的建议 [J]. 学周刊，2015（36）.

刍议高中班级管理

摘要：社会在发展，时代在进步，每一届高中生都受到周围环境等各种因素的影响，充斥着独特的个性气息，学生的个性化行为习惯，有一些优良的因子益于学生成长进步，也有一些不良的思想因子，拖拽着学生脱离正确的认知轨道，在鼓噪的社会环境感染下，偏离生活轨迹，热衷一些不切实际或者有损他人利益的事情，在这种情况下，就需要班主任发挥管理效应，应对不同的棘手问题，对症下药根除学生内心的发酵、发霉思想，感化学生回归正途，履行自己的学习任务。

关键词：高中　班主任　管理　有效性

班主任是班级的领路人，是高中大家庭中的家长，起着监督学生学习进步、管理学生精神思维的作用，班主任应意识到不同学生之间的个体差异，有针对性地开展班级教育工作，在集体管理中突出个别教育，紧跟时代步伐，跨越与高中生之间的年龄界限，理解高中生的种种言行成因，因材施教完成管理目标。

一、营造班级良好风气

班集体容纳了来自四面八方的高中生，由于环境与教学资源的不同，学生的日常习惯与思维认知皆存在较大的隔膜，班主任在班级构成初期，首先要掌握不同学生的特性，以巧妙的言语引导学生形成班级凝聚力，以和睦的班级气氛推动教学的有序开展。　例如，分班伊始，大部分学生之间陌生感较为强烈，不知对方性格如何，怎样开展交流，班级氛围较为沉默，班主任可在班会上打破班级沉闷性，打趣道："千年修得同船渡，我们现在在一艘开往高考的船上了，大家一起划呀！"学生哄堂大笑，一些表现欲较强的学生也会跟着班主任的思路开玩笑："划不动呀！"由此，班级中隐隐流淌着温馨轻松的河水，班主任趁热打铁，让学生互相介绍，彼此之间形成模糊的概念，拉近师生与生生关系，继而采用民主制度，让学生毛遂自荐选取班干部，协同班主任做好日常管理工作，给予学生心理与书面准备的时间，让学生以投票的形式选出自己心中的班干部人选，班干部需严格规范自身的行为准则，为班集体树立榜样，以身作则。班主任让班干部带领学生选取班歌、班级口号、布置班级环境，尽量替换掉上一届留存的班级元素，形成本班特征结构，把"奋斗的青春最美丽""扬帆把舵，奋勇拼搏""静下来，铸我实力；拼上去，亮我风采"等有趣又励志的语录贴在学生抬头可见的地方。结合学生的优势，安排班级工作，例如，有的学生写字好，负责黑板报与课程表抄写，有的学生心思细腻，负责班级板报的整体设计，有的学生有才艺基础，负责班级活动组织等，让每一个学生都能在班集体中奉献能量，达到自我满足。

二、引导学生回归正途

高中阶段，正是学生社会价值观念的塑形时期，很多学生到了高中已经具备了对社会问题的独特见解能力，但由于主观意识太过强烈，叛逆的学生常常不服管教、我行我素，对于班主任的谆谆教导感到厌烦，将原本应用于学习上的精力发挥到其他方向。例如，有的学生早恋、逃课、抽烟、斗殴屡教不改，甚至与热心管理的班主任产生冲突。我们在网上随意搜索：未成年"杀师"案例，屡见不鲜，隐隐有案发增加趋势。因此，班主任应意识到高中生正确价值导向的重要性，在日常生活中严于律己、宽以待人，不要揪住学生的错误不放，打击学生的自尊心 。例如，班主任发现有学生在课上玩手机，不专心听讲，一气之下，将学生的手机从教学楼扔下去，导致学生怨恨班主任，变本加厉地消极怠学，班主任应恩威并施，先明确课上玩手机违反规章制度，让学生亲眼看到自己的手机锁进班主任的柜子里，告诫学生："三天内如果能够好好学习，表现优异就把手机还给你，如果表现不好就再锁三天。"有的学生在课上会诱导该生一起打闹，该生就会考虑到自己给班主任的承诺，为拿回手机对他人的引诱不予理会，在归还手机后，班主任应肯定学生的进步，以语言启发学生奋进："你看这几天认真听讲进步多大呀，早这样学习你就是班级第一了！"为学生加油打气，而不是一味地批评："以后还敢不敢玩了？"打消学生的士气。

三、了解学生心理动态

班级里的学生水平参差不齐，也经常凸显出部分问题学生，影响整个班级的风气，班主任教育学生不要含蓄，应直言告诉学生什么该做什么不该做，高中生即使犯错，大部分还保留善良的本质，班主任应善于用真心感化学生，让学生把自己当作是可以依赖的心灵倾诉者。例如，有的学生经常打架斗殴，还自认为是强大的体现，经常显摆自己的"功绩"，教师应多方了解学生不良习惯的形成因素，与家长沟通时，汇报学生的不良行为，少一些言辞激烈，多一些打听了解，私下联系与该生关系较好的学生询问其生活情况，寻找契机让学生自主意识到错误，一贯地打压教导只会令学生与班主任渐行渐远，假如学生是由于家长常年在外，过于放任自流衍生的打架情结，教师就应担负起代替家长关怀学生的责任，在日常生活中，看到学生冬季还露着脖子，提醒学生穿衣，学生生病，主动关心学生，让学生感受到班主任殷切的目光，羞愧自身的言行，为对得起班主任的关怀改变不良习惯，班主任应在班会上，提出同学的进步点，肯定学生的努力。例如：路上看到班级里的学生捡起垃圾扔进垃圾桶里，班级里某位学生帮助另一名同学讲题，某位学生将散落在地的粉笔拾起等，班主任都要及时表扬，要像家长一样，以发现美的眼光打破学生的心理防线，让学生认可班主任的管理模式。

四、倾听学生心声

随着课程的进展，每一个学生都在循序进步，班主任应建立班级评价手册，记录学生的成长，进步与退步都以打分的形式体现出来，不专注书面成绩，将德行放在第一位，潜移默化地影响学生规范言行，开展班级活动，增强学生的集体荣誉感。例如，在班级一段时间的测评后，针对进步较大或表现比较突出的学生给予奖状鼓励，尽量不在公共场合大声训斥学生，可让学生以匿名信的方式倾吐困惑等。

五、结束语

高中班主任应根据不同的学生反馈，坚持以人为本、以身作则，从学生的视角别开生面地开展管理计划，引导班集体在浓郁的学习氛围下共同进步。

参考文献：

[1] 倪成群 . 高中班主任如何提高班级管理的有效性 [J]. 读写算（教育教学研究），2013（42）：55.

[2] 黄苗 . 新形势下提高中职班主任管理工作实效性的探究 [J]. 中国科教创新导刊，2013（31）：225.

[3] 徐广权 . 高中班主任管理有效性的探索 [J]. 新课程学习（社会综合），2011（04）：118-119.

五、演讲稿和散文自选

莫道园丁业平凡　园丁为国添光彩

朋友们:

大家好!

我曾听说过这样的感叹:我生不逢时,没赶上英雄时代,要不,我也会扬名天下;我时运不佳,没摊上个好岗位,要不,我也为国增光添彩。这些感叹和抱怨不得不让我们感慨呀!其实,莫道园丁业平凡,园丁也能为国添光彩。

有一位哲人曾说过:"伟大往往是在平凡的夹缝中闪光。"是啊,和平时代,普通工作,我们很平凡。但我要说,伟大正寓于平凡之中。小草虽小,一样能铺成辽阔无垠的大草原;平凡的我们一样能高扬精神的风帆,一样能奉献,一样能为党国增光添彩。

在一个偏僻的小山村,一个平凡的岗位上,有一位平凡的工作者。他的名字却如此辉煌灿烂,他的名字在许多人的心中甚至是中国的教育史上都已刻满,他没有豪言壮语,也没有惊天动地的事迹,有的只是无私无畏,默默的奉献。他在鲜红的党旗下立足本职工作,履行着一位教育工作者的义务和职责。他就是跪着教书三十六载,现年五十八岁的陆永康老师。他是一个跪着工作的人,却是一个让我们站立者叹服的人。

陆永康老师是贵州省三都县羊福乡的残疾教师,他出生仅仅九个月时,因小儿麻痹症,导致双腿膝盖以下肌肉萎缩。别人学走,他学跪。从小自学,完成了初中学业,成了乡里为数不多的"文化人"。他二十岁那年,村里因为贫穷,流失了最后一位教师。陆永康就接下了给孩子们教书的任务,他成了一名小学民办教师,从此开始了漫长的跪着教书的生涯。

刚开始教书的时候,全校只有三十名学生,大部分孩子都辍学在家。陆永康老师要做的第一件事情是把失去的孩子找回来。白天上课,晚上家访,成了陆永康老师的全部生活内容。每天晚上,下课以后他穿上自制的"鞋子"——轮胎胶皮垫,再挂一根拐杖,就出门了。爬山、蹚河、跨沟,跪行在崎岖的山道上，手脚并用，一不留神便滚在地上。别人走一小时的路，他要"跪"四小时。但陆永康老师跪着走遍了孔革小学周边的八个村寨，跪遍了孩子家的门槛。有一次，大雪纷飞，距学校三公里的石板寨的学生没来上学，晚饭后，陆永康冒着严寒，摸着夜路，到寨上去动员，学生家长被感动了，第二天就把孩子送到了学校。

第二个学期他的学生由三十人增加到五十人，三年后增加到了一百五十名。心血、汗水、辛劳和热忱，终于为陆永康老师换来了一系列的荣誉：1998年获得了香港李国基教师奖励基金；2002年又被评为"贵州省优秀教师"；任教以来，每年都被评为县级"优秀教师"。那一张张证书是他立足岗位，安于平凡，乐于奉献的真实写照。

三十六年来，陆永康老师日复一日地跪在讲台上传道授业，年复一年，跪着前行在山间道上，走村串寨做家访。他跪破了一双双用木板、篮球皮、废旧轮胎做成的"鞋"，也跪掉了一个个令人望而生畏的困难。因为他，大山里始终回响着朗朗读书声；因为他，山里孩子们的生命之旅有了新的起点。

大山里放飞的是希望，守巢的是自己；黑板上写下的是真理，擦去的是功利；粉笔下画出的是彩虹，流下的却是心血。

陆永康老师是大山的儿子，大山没有给予他伟岸的身躯，却赐予他伟大的灵魂。在他的身上，我们看到了许多的不幸与曲折，更看到了那种甘于奉献的崇高。陆永康老师几十年未曾行走，但在人们的眼里，他比谁都走得更为铿锵有力！

在一些人忙忙碌碌不知所终的迷蒙中，陆永康老师显示了一位高尚者所具有的生活深度和精神高度。在他那里，我们分明感受到了一个奉献者所具有的富足。面对陆永康老师，我们不得不心生佩服，不得不去追随他那高擎的精神旗帜。

朋友们，莫道园丁业平凡，园丁一样为国添光彩。陆老师，生为一个残疾人，能够做得如此漂亮，我们生为一个健康教师，我们又有什么理由做不好呢？我们应该像陆老师一样，兢兢业业，乐于奉献，把一份平凡的工作，做到极致。让平凡的生命在奉献中得到完善和升华。

朋友们，我们很平凡，不能驰骋疆场，轰轰烈烈，但我们可以像陆永康老师那样，立足岗位，执着坚定，认真工作，把简单的事情做到不简单，把平凡的事情做到不平凡。

朋友们，莫道园丁业平凡，让我们一起奉献，一起努力，让我们用火热的生命，为党旗燃烧，增光，添彩！

（注：2004年9月，写于六龙中学，同时，本人参加大方县演讲比赛获一等奖）

选择无悔

各位老师、各位同学：

大家好！

在今天的演讲会上，面对这几百双老师、同学的眼睛，我不知该讲什么，但大家都知道，不管是还是否，我们都应该是教师，都是在太阳底下去奉献光和热，去塑造人类灵魂的工程师。

教师是神圣的，做教师更是快乐的！

记得暑假里，我与一群娃娃共同度过，不知不觉中我成了他们的辅导教师。每天他们总爱拿一些或易或难的问题来问我，当我耐心为他们解惑之后，看着他们那一张张小脸绽放的灿烂笑容，那时，我是多么地高兴、自豪。随着时间的推移，那难认的汉语拼音成了他们的好朋友，加减乘除已是他们的拿手好戏，看着他们一天天充实的小脑袋，听着他们琅琅的读书声，我激动而又有成就感。他们还在我的辅导之下，学会了一首首小诗，一个个小舞蹈……那时，人很累，但却很幸福。这个假期我真正认识到教师肩上的分量和当学生在校刻苦求知的重要，体会到用汗水换来收获的心动，体会到教书育人的苦与乐，当然除了我们这些站在太阳底下一生清贫两袖清风的人能感觉之外，又有谁能呢？这就是教师的自豪，再辛苦，也会在其中寻求一种超人欢悦的自豪。

老师们，同学们，教师最大的愿望是让自己的学生青出于蓝而胜于蓝。教师用自己的"船只"送走一批又一批的求知者，而自己却把青春年华流逝在此地彼岸之间。教师又如慷慨的红烛，只知日夜燃烧，用熊熊的火光照亮现在和未来，耗尽自己的一生却毫无怨言。

教师不是英雄，不能流芳千古，树立丰碑；教师不是伟人，不能为人偶像，受人崇仰；教师更不是世界冠军，不能在异国的土地上，亲耳聆听祖国庄严的义勇军进行曲，但教师却是巨人！语言家、科学家、军事家，有谁不是在教师的肩膀上走出去的，没有教师的耕耘，科技会飞速发展吗？祖国会昌盛吗？

当一名教师是我最大的心愿。我决不辜负，我决不背叛，我要潇洒地执着那根教鞭，我要真切地表达我的心声——做教师，我选择无悔！

（注：1997年9月，写于织金师范，同时，本人参加学校演讲比赛获二等奖）

让青春在奋斗中灿烂辉煌

尊敬的嘉宾们、年轻的朋友们：

大家好！

希望通过这次演讲，大家有一份新的收获！今天我演讲的题目是《让青春在奋斗中灿烂辉煌》。

非常荣幸今天能够站在这里和我区来自各行各业的选手们一同感受我们这一代青年的豪迈情怀。

自从西部大开发的号角吹响以来，各级政府就提出了西部开发水利要先行，西部开发修路要先行，西部开发科技要先行、通信要先行等。各级政府都提得非常的响亮，并且干得轰轰烈烈。但是在座的各位，有没有看到，以后人才储备不足会导致西部高素质人才的匮乏，人才匮乏不仅制约了目前西部区域经济的发展甚至会影响以后经济的发展。据一份抽样调查显示，西部地区中高级人才年龄结构偏大，未能形成良好的"接力棒"结构。就拿新疆生产建设兵团来说，中高级专业技术人员的年龄呈严重老化的趋势。该兵团高级职称中，五十一岁以上的占百分之六十，尤其是农业、经济、会计和统计四个专业的高级职称，五十一岁以上的占百分之八十以上，在中级职称中，五十一岁以上的占百分之二十四点四六。以目前这种年龄结构，在一段时间内将会出现人才"青黄不接"的现象。下一代人培养不好，以后西部开发的"接力棒"谁来握？西部又怎样来开发，这是一个值得十分注意的问题。那么，怎样才能培养一代杰出人才来握好这根"接力棒"，靠谁？靠教师。没有教师便没有人才，没有人才，西部的开发又谈何容易。因此，我作为一名年轻的教师，为了西部能继续培养人才，我愿把青春献给西部，献给我的故乡——毕节试验区。让西部在我们的不懈奋斗中耀眼闪光！

西部开发需要各行各业的人共同努力，但当中人才是关键，现在特别是农村人才少而城市人才多的现象严重，一些偏远落后的农村，城市的大多数人才不愿到农村来开发，农村的有才之人有的又想方设法地逃出农村。这样，农村的发展与进程将受到影响，如果教师不培养出更多的人才出来，西部的开发又谈何容易，教师培养好一代人将影响着几代人的生活，一代人培养不好也将影响着几代人的生活，西部要想开发又是一种什么样的情况呢？西部需要人才，更需要教师。我深信，我作为一名教师，我能用毕生的精力在西部这块土地上播种、收获，收获一片蔚蓝的天空，收获一片幽幽的芳草地。

也许有人会问，作为一名教师对西部的开发真有这么大的影响吗？是的。仔细想想有哪一个岗位能像教师那样，聚集了学生如此众多期待的目光？有哪一个行业，能像教师那样，辉煌或暗淡都始终无怨无悔地培养着国家的人才，西部的人才？有哪个岗位能像教师那样，深深地影响着一代人甚至几代人的进程？我们应当看到实施西部大开发非一朝一夕之功，需要几十年甚至几代人的不懈努力。没有教师们的辛勤培养，十年后，西部紧缺的大量人才从何而来？以后西部开发中人才的匮乏，不正需要大批的教师为此倾注自己的脑力和心智吗？这不正说明，我们教师为西部的开发，做着点点滴滴的努力吗？为了西部的开发，为了西部的腾飞，我愿做春蚕，愿当红烛，无怨无悔。我，一位年轻的教师，是多么渴望西部能成为一道亮丽的光环挂在火光横溢、尘土飞溅的新世纪之晨；渴望西部能够驭太阳的风轮奔驰在洒满阳光的坦途。

亲爱的朋友们，新世纪的钟声已经敲响，新世纪的曙光已经照亮，开发好西部，是我们义不容辞的责任。年轻的朋友们，让我们手拉手，肩并肩，让我们的青春在奋斗中灿烂辉煌，让西部在我们的青春中熠熠生辉！

（注：2001 年 4 月，写于毕节教育学院，同时，本人参加毕节地区"西部大开发毕节青年怎么干"演讲比赛获二等奖）

建设美丽家园 构建和谐大方

尊敬的各位领导、同志们、朋友们:

大家好!

九月的秋天,本应天高云淡,金黄遍野;九月的大方人,本应心情舒畅,胸襟豁达;然而,此时此刻,我既没有毛泽东同志"不似春光,胜似春光"之旷达情怀,也没有古诗人刘禹锡"晴空一鹤排云上,便引诗情到碧霄"之良好心境。有的只是深沉而痛切的遗憾,有的只是满怀激荡的思潮。今天我站在这里,我必须、也必须向大家诉说我很长时间就积压在心中的心声和感慨。

众所周知,大方是一个"文明古城""历史文化名城""中国民间绘画之乡"。它有国家级风景区百里杜鹃、九洞天等旅游胜地;有奢香古墓、七家田将军山等物质文化遗产;有秀美险峻的云龙山、碧水长流的对江河;有景色宜人的大海坝、四通八达的县级公路;还有四乘三十万千瓦的大型火电厂即将正式投产。它文化底蕴深厚浓郁,自然资源丰厚富饶,山川景色秀美可爱,交通通信便利可靠,更兼那悠久源长的历史,灿烂辉煌的文化,使大方成为一块神奇而美丽的宝地。此时,我知道,有人也许会说,既然如此,还有什么可感慨的。

请听我说,大方县城作为全县政治、经济、文化的中心,但有的时候,呈现在我们眼前的大方,不是环境优美,而是"脏、乱、差"。街道上,物品乱堆乱放,出租车窜道招客,小商、小贩占道经营,餐馆门前污水满地,污水旁边摆设小摊,小摊旁边堆积垃圾,真是嗅不可闻。整个县城,在地上随处可见纸屑、果皮,有时,还会看见它们随风在低空中飞舞,在电线上翻飞,墙上纸屑招摇,灰尘遍布。如此境况,严重影响人民的生活,严重影响了大方的形象,严重制约了大方招商引资的步伐。作为一名大方人,难道你没有发现这些境况吗?你究竟在干什么?忙工作?做生意?带孩子?忙玩耍?……请你试想:有了金钱,有了高楼大厦,有了优秀的孩子,有了闲情逸趣,然而却整天生活在垃圾中,整天和垃圾打交道,难道你没有觉得不适吗?当你看见北门桥沟、南门桥沟,从沟水清澈见底、鱼儿畅游、孩子嬉戏其间,发展演变为污水横流、垃圾满沟,破铜烂铁、剩菜残羹无所不见,"清风吹不起半点涟漪"。难道你没有什么感想吗?难道你没有觉得很惋惜吗?难道你没有觉得愧疚难言吗?

大方本应是一个美丽富饶、历史悠久、人民勤劳的"文明古城",却由于人们的短见和管理疏漏，变成了如此现状，在座的同志们、朋友们，难道这一切与我们一点关系都没有吗？你难道没有乱扔过一片纸屑，乱丢过一块果皮？你难道没有在自家门前泼过一盆污水？不过，我坚信，我们的随意行为一定会被胡锦涛总书记视察贵州讲话的精神所改变，一定会被新一届县委政府领导求真务实，重视"卫生与秩序"的行动举措所感动。

同志们、朋友们，让我们为建设美丽家园，构建和谐大方而共同奋斗吧！请弯下你的身子，把脚底下的纸屑、果皮放进垃圾桶，请握住你身边的扫帚，为我们扫出一条洁净的街道，请把臭水沟里的破铜烂铁、剩菜残羹清理掉，让清澈的溪水在沟中流淌，也在我们的心中流淌。

让我们从繁忙的工作中抽出时间来关注家乡的环境；让我们从冗杂的生意中腾出时间来保护家乡的环境；让我们从带孩子、忙玩耍的时光中，挤出一点时间来，为家乡"卫生与秩序"的整治行动贡献一份力量吧！

同志们、朋友们，不建设好美丽的家园，不构建一个和谐的大方，怎么对得起上级领导对我们的厚爱？怎么对得起"文明古城""历史文化名城"这难得的美称呢？

同志们、朋友们，请记住：人活着如果只为自己与家庭，那意义是狭隘的，只有为国家、为社会、为民族、为集体的利益，尽心竭力地工作，毫无保留地贡献自己的聪明才智，这样的人生才是有意义的，才是光辉的人生、闪亮的人生。

建设美丽家园，构建和谐大方，让我们从一点一滴的小事做起，从我做起，大家齐心协力，共同奋斗。我坚信，未来大方一定会在我们的努力下变得更加美好！同志们、朋友们，携起手，行动起来，把我们的家园描绘成为一幅绚丽多彩的画卷。

（注：2003年8月，写于六龙中学，同时，本人参加大方县演讲比赛获三等奖）

祝福我的祖国

尊敬的老师们、亲爱的同学们：

早上好！

此刻我站在演讲台上是多么地激动，因为我将诉说我们伟大祖国漫漫的旅程。

还记得吗，1949 年那个难忘的 10 月 1 日，我们伟大的领袖毛主席登上了天安门城楼向全世界庄严地宣告："中华人民共和国中央人民政府今天成立了。"那声音是多么地雄壮有力，人民是那么地激动不已，在雄壮的国歌乐曲中主席亲自按动电钮，第一面用烈士的鲜血染成的五星红旗冉冉升起了。这是多么激动人心啊，中国人民从此站起来了，我们的革命已经获得成功，我们的人民揭开了历史的新篇章，中国开始朝着社会主义道路向前迈进。

在成功的面前，回望过去，祖国灾难深重。她饱受风霜，经历了难以计数的坎坷岁月，她遍体鳞伤，含冤受辱，我们怎么会忘记。我们不会忘记凶残的八国联军烧杀抢掠，肆意践踏中国的文化珍宝。英法联军气势叫嚣闯进圆明园，抢夺大量的宝物，拿不走的无价瓷器和珐琅器，就被打得粉碎，大量的书籍资料在熊熊的烈火中痛苦地燃烧着。最后，强盗们夺得的宝物因拿不走还强迫我们的国民把货物送到他的兵营，还用残酷的手段杀了他们；不会忘记中国人民被列强欺压在水深火热之中的煎熬；不会忘记日本那尖锐的刺刀；不会忘记南京大屠杀时，日军肆意滥杀；不会忘记被害者们被泼汽油焚烧或抛入江河之中，工人们被电网、警梯包围，受刺刀、皮鞭和棍棒的威逼，遭狼犬的监视；不会忘记革命者过着非人一般的悲惨生活，承受着超时超量超负荷的苦役。这冤，这屈，这辱，刻骨铭心，黄河儿女世世代代背上这烙印，你们会忘记吗？

经过了许多风风雨雨，血腥屠杀，新中国建立了。经过各族人民的不懈努力，我们的祖国得到了世界各国人士的仰慕，被称为"中国的一条真正的黄龙"。祖国挽回了曾经被人唾弃的尊严，现在我们的祖国站起来了，她是多么地自豪，她哺育了一代又一代的中华儿女，创造了中华民族五千余年光辉灿烂的文明史。科学技术得到了蓬勃的发展，取得了丰硕的成果。教育事业培养出了大量德才兼备的人员，文学和艺术繁荣兴盛，工业、农业也得到迅猛发展。一切都在变化发展着，前人在历史的篇章中写下了举世瞩目的一页。彰显了她的强健与富饶。

过去的中国是前人创造的功劳，今日的中国是父辈们辛勤的建设，未来的中国将在我们手中飞黄腾达。同学们，为了中华民族的再富强，神州的再昌盛，中华民族永远立于不败之地，让我们奋勇前进，用我们的生命永远为她燃烧吧！

（注：1997年10月，写于织金师范，同时，本人参加学校演讲比赛获二等奖）

风景这边独好

朋友，你来过小荆州吗？她纵横百里，富甲一方。东靠繁花似锦的"花海"，西临碧水盈盈的江河，南依嶙峋俏丽的山岭，北接历史悠久的古迹。如果你有逸兴，我可以陪你一游。

迷人杜鹃花

明媚的春天，驱车在 326 国道，东出小荆州 30 公里，你就进入了杜鹃的世界。这儿是迷人的"花海"。

杜鹃花品种齐全，花样繁多，方圆百里。盛开的花，红的像火，粉的像霞，白的像雪，紫的像葡萄……多种颜色交织在一起，极目远眺，像一块看不到边际的彩绸。定神细视，一个小坡也是一段彩绸。彩绸下躲着一位位穿着绿裙子的大姑娘，像准备要出嫁一样，害羞极了。这一切会拨动你心中的情弦——"此景只应天上有，那得人间几回游"。杜鹃花还有一股淡淡的香气，像梦幻一般轻轻地笼罩着你，让你在其中陶醉、遐想。繁密的杜鹃花总会引来蝶儿为它舞蹈，招来鸟儿为它吟唱，呼唤蓝天为它点缀。杜鹃花笑得好灿烂，深情地迎接着四面八方的游客。

悠悠龙潭水

与杜鹃再见，返回小荆州，再向西 50 里，你就会来到龙潭。龙潭里悠悠潭水如碧云般轻轻盈盈，又如一垄玉带缓缓东流。龙潭的人们嬉戏于水边，掬一杯清泉，细细品尝。高歌于岸上，看油油的青荇在水底曼舞。潭水柔柔，如丝带鹅绒；潭水清清，如碧玉石盘；潭水静静如慈母；潭水舞动如少女。仰望潭水上方的太阳，如一颗被剥开的糖果，在它黄黄的身躯里，到处都充满着甜意。风儿清凉而又顽皮地在潭水上恣情地嬉戏追逐，漾起了一轮轮银波。水鸟在潭边觅食，给潭水带来无限生机。此时站在岸头眺望潭水，真有"落霞与孤鹜齐飞，秋水共长天一色"的感觉。

俏丽凤凰山

挥别龙潭，向南行驶几百米便可望见俏丽的凤凰山。山并不高，遍布着松林、石头。泥土松而软，没有杂草、荆棘，只有遍地的松针、松果。人们常穿梭于松林间，奔跑着，呼喊着，收集那些松果，竟日流连，乐而不倦。玩累了，人们会选择一块大而光滑的石头躺下来睡上一觉，可看见人们悠闲的神情，像在静静地倾听那风儿穿过树林发出的簌簌的声响，幻想着它在诉说什么？做着他们最初的梦。

站在山顶，故乡在你的脚底，多情害羞的云朵包围着你。浓密的松树，挺拔、青翠。树枝上悬挂着一串串的"珍珠"——水滴。云雾忽上忽下，忽前忽后，忽凝聚，忽飘散。太阳的光芒穿过云层，透过树梢，像一条条闪烁的光带，缠绕在整个山里。一会儿，你会浴在阳光灿烂里，一会儿，你又会置身于岩石的阴影下。山中景象，瞬息变化，让你不能不惊叹造物者的神奇，不能不赞美我家乡的胜景。

朋友，我的家乡美景又何止这些，我这支笔不能表达其万一。远方的客人，风景这边独好，请你留下来。

（注：2007年9月，本文获毕节地区"家乡美"初中组下水作文比赛二等奖）

一封家书

亲爱的爸爸：

　　您好！

　　今早，我去上班，在校园里遇见学校领导，领导要求我参加"书香三八——注重家教家风·培育家国情怀"读书活动，希望我写一封家书。说句实话，年近四十的我，还没写过一封家书，这一活动激起了我内心情感的涟漪，我想借此活动，给亲爱的爸爸——您，写一封我早就想写的家书。

　　爸爸您已年近八十，女儿已年近四十，可是您对我的爱护和教育一直伴随着我，甚至影响着我的女儿，我的学生。

　　我常听母亲说，在我出生的时候，您一直守在旁边，看生的是男孩还是女孩，当看见我呱呱坠地时，您喜悦地抱过去，一直念叨："如愿了，如愿了。"满心地欢喜，后来，我就一直被您宠着长大。

　　记得那时，您是一个马车夫，每天都要从乡下拖煤炭到大定府（现在的大方县城）去卖，每次回来，都会给我买包子或干壳饼（面粉烙成，泛着金黄色，里面没有馅），不管有多晚，从来没有落下一次。以至，春夏秋冬的黄昏之时，我都坐在家门口等您来，而且用心地听着，听着那一串串马铃铛想起时，我就箭一般地飞奔一百米去接您。只听您"吁"的一声，马儿驻足了，您跳下马车，迅速把我抱到马车上，从兜里掏出那似乎还有点儿热气的包子递给我，并嘱咐我抓紧捆绳，您"驾"的一声，我们父女俩坐着马车欢快地回到了家。

　　回到家，我给您端洗脚水，提拖鞋，您走到哪儿，我就屁颠屁颠跟到哪儿。那时，农村条件差，能像我一样天天有包子或干壳饼吃的，全村仅此我一人，我成了许多小朋友羡慕的对象，每天都像掉到了蜜罐里一样，幸福快乐地成长着。

　　时光飞逝，我快到了上学的年龄，您每晚回来，都会教我写字，您教我写"小"字，我总把竖钩写反，您说，小钩要勾向竹林的方向，我总算写对了。可是，我去上学后，我写的"小"字，总是反的，老师批评我时，我还自信坚定地站起来说："我爸爸说，小钩对着竹林的方向，就是对的。"惹得全班同学哄堂大笑。回来，我就嗔怪您，您却温和地说："方向坐反啦，方向坐反啦，下次往端碗的方向勾就不会错！"

　　您总是那么乐观豁达。那时，我们家姊妹多，又盖房，因此欠了许多债，我妈每天都念叨念叨，愁呀苦呀，您总是很淡然乐观，每次干家务活都哼着小曲。妈妈心烦，您因此唱歌的权利被妈妈封杀了。妈妈说，欠了那么多的债，还唱，不知欢喜什么，唱来吵死人。您只要妈妈在便不大声唱歌，但只要妈妈不在，您就用粉笔把歌词写在我们家猪圈门上，教我们唱《在希望的田野上》"我们的家乡，在希望的田野上，炊烟在新建的住房上飘荡……为她幸福，为她争光。"这些甜美的歌词，动听的旋律，还有您陶醉的神情，统统印在我的脑海中。以至，我上学后，在班委中，我担任职务最多的便是文娱委员了。我指挥、唱歌、跳舞、演讲，同学们总是赞不绝口，我的人生充满了乐观自信。

您总是那么乐于助人。那时，我们家鸡窝里的鸡蛋，您总把它捡到我们看不见的地方，凑满整数后，您就把它送给生病的王大爷补身体；张叔在一次见义勇为中，被歹徒打断了腿，从此，他们家需要犁田地时，您二话不说就扛着犁头下田地去了；小米在一次车祸中，失去了爸爸妈妈，从此，交学费、开家长会，就成了您的事，从那天起，您买回的包子、饼子就多了一份，您希望小米像我一样快乐成长。家族中，谁家有个三长两短，鸡毛蒜皮的事，总请您去调解，您往往乐此不疲。

爸，您的品格形成了良好的家风，良好的家风，像雨润万物一样，充满了生命的力量。

我的女儿——雨石到现在还记得您教她背诵的"锄禾日当午，汗滴禾下土，谁知盘中餐，粒粒皆辛苦"。她不但背，而且时刻牢记您对她的教导：地上不撒一粒米，碗里不剩一粒饭。她不但自己一直践行您的精神，她还要求她的朋友、同学去践行您的"粒粒皆辛苦"的道理。雨石到毕节梁才学校去读书，她的好习惯都得益于爸爸——您的教导。她今年还被梁才学校评为"德育标兵"。在此给爸爸道个喜，也说声谢谢爸爸！

从小被您宠大的我，在工作中也秉承您的精神，乐观豁达，积极进取。今日我能成为一名优秀的高级教师、省级骨干教师，都与爸爸的爱护分不开。我常常把我的这份爱的感受，传递给我的学生，让我的学生也心生乐观豁达，学会爱与被爱。

爸爸，我给您写这封信，我没有太多华丽的辞藻，也没有太多巧妙的手法，更没有曲折的情节，只有我对您真挚的情感，只有我这么多年来一直想对您说的话语。当然，我对您的爱戴与崇敬不是这只言片语能写尽的，言有尽而爱无穷。您的家教，您的情怀，将是我一生受用的财富。"忠厚传家""诗书继世"，我永远记住您说的"家是最小国，国是千万家"的道理。我会学您，我女儿会学我，我孙子会学我女儿，注重家教家风·培育家国情怀，我们会把您的精、气、神代代相传。

最后，祝爸爸：身如磐石，寿比南山！

您的女儿　黄敏
2017-03-22

　　（注：本文于 2017 年 7 月获毕节市征文"书香三八——注重家教家风·培育家国情怀"家书类大赛一等奖）